निदा फ़ाज़ली की पुस्तकें

शायरी और कविता

लफ़्ज़ों के पुल
मोर नाच
आँख और ख़्वाब के दरमियान
खोया हुआ सा कुछ
आँखों भर आकाश
आदमी की तरफ़
मौसम आते जाते हैं
शहर में गाँव

आत्मकथात्मक उपन्यास

दीवारों के बीच
दीवारों के बाहर

संस्मरण

मुलाक़ातें
सफ़र में धूप तो होगी
तमाशा मेरे आगे

दुनिया जिसे कहते हैं

निदा फ़ाज़ली

MANJUL
मंजुल पब्लिशिंग हाउस

MANJUL

मंजुल पब्लिशिंग हाउस

कॉरपोरेट एवं संपादकीय कार्यालय

• द्वितीय तल, उषा प्रीत कॉम्प्लेक्स, 42 मालवीय नगर, भोपाल-462 003

विक्रय एवं विपणन कार्यालय

• सी-16, सेक्टर 3, नोएडा, उत्तर प्रदेश - 201301, इंडिया

वेबसाइट : www.manjulindia.com

वितरण केन्द्र

अहमदाबाद, बेंगलुरू, कोच्चि , कोलकाता, चेन्नई,

हैदराबाद, मुम्बई, नई दिल्ली, पुणे

दुनिया जिसे कहते हैं

यह हिन्दी संस्करण 2016 में पहली बार प्रकाशित

9वीं आवृत्ति 2026

ISBN 978-81-8322-736-0

संकलन : सचिन चौधरी

संपादन : रिज़वान-उल हक़

मुद्रण व जिल्दसाज़ी : रेप्रो इंडिया लिमिटेड

लफ़्ज़ों के पार... निदा फ़ाज़ली

मुक़्तदा हसन निदा फ़ाज़ली का जन्म 12 अक्टूबर 1938 को दिल्ली में हुआ, और उनका निधन 8 फ़रवरी 2016 को मुम्बई में हुआ। प्रारंभिक जीवन ग्वालियर में गुज़रा। ग्वालियर में रहते हुए उन्होंने उर्दू अदब में अपनी पहचान बना ली और बहुत जल्द वे उर्दू की साठोत्तरी पीढ़ी के एक महत्त्वपूर्ण कवि के रूप में पहचाने जाने लगे। निदा फ़ाज़ली की कविताओं का पहला संकलन **लफ़्ज़ों के पुल** छपते ही उन्हें भारत और पाकिस्तान में जो ख्याति मिली वह बिरले ही कवियों को नसीब होती है। इससे पहले अपनी गद्य की किताब **मुलाकातें** के लिए वे काफ़ी विवादास्पद और चर्चित रह चुके थे।

खोया हुआ सा कुछ उनकी शायरी का एक और महत्त्वपूर्ण संग्रह है। सन् 1998 का साहित्य अकादमी पुरस्कार इसी पुस्तक को दिया गया है। उनकी आत्मकथा का पहला खंड **दीवारों के बीच** और दूसरा खंड **दीवारों के बाहर** बेहद लोकप्रिय हुए हैं।

हिन्दी-उर्दू काव्य प्रेमियों के बीच समान रूप से लोकप्रिय और सम्मानित निदा फ़ाज़ली समकालीन उर्दू साहित्य के उल्लेखनीय और महत्त्वपूर्ण हस्ताक्षर हैं।

कभी किसी को मुकम्मल जहाँ नहीं मिलता
कहीं ज़मीं तो कहीं आसमाँ नहीं मिलता

जैसे कालजयी शे'र कहने वाले निदा फ़ाज़ली की ग़ज़लें और नज़्में वर्तमान युग की सभी विसंगतियों को रेखांकित करती हुई, अँधेरे रास्तों में उम्मीदों की नयी किरण बिखेरती हैं।

उनकी शायरी एक कोलाज के समान है जिसके कई रंग और रूप हैं। किसी एक रुख़ से इसकी शिनाख़्त मुमकिन नहीं। उन्होंने ज़िन्दगी के साथ कई दिशाओं में सफ़र किया है और उनकी रचनाएँ इसी सफ़र की दास्तान हैं, जिसमें कहीं धूप है कहीं छाँव है - कहीं शहर है कहीं गाँव है। इसमें घर, रिश्ते, प्रकृति और समय अलग-अलग किरदारों के रूप में एक ही कहानी सुनाते हैं... एक

ऐसे बंजारा मिज़ाज शख़्स की कहानी - जो देश के विभाजन से अब तक अपनी ही तलाश में भटक रहा है। बँटी हुई सरहदों में जुड़े हुए आदमी की यह तलाश रचनाकार निदा फ़ाज़ली का निजी दर्द भी है और यही उनकी शायरी की ताक़त भी है। उन्होंने 'करनी' और 'कथनी' की दूरी को अपने शब्दों से कम किया है और वही लिखा है जो जिया है। इसकी तासीर का राज़ भी यही है।

सूफ़ी का कौल हो या पण्डित का ज्ञान, जितनी बीते आप पर उतना ही सच मान - निदा फ़ाज़ली के कई शे'र और दोहे हमारी बोलचाल के मुहावरे बन चुके हैं। ये एक ऐसी विशेषता है जो उन्हीं का हिस्सा है।

भारत के उर्दू शायरों में निदा फ़ाज़ली आज एक महत्त्वपूर्ण नाम है। उन्होंने नई शैली में नई विषयों पर लिखकर शायरी को एक नया मोड़ दिया है। उनके क़लाम में देश की ज़िन्दगी अपने लोकरंगों के लिबास में पूरी तरह मौजूद है।

यादें...

भोपाल से निदा साहब का संबंध काफ़ी पहले से था। उनसे मेरी पहली मुलाक़ात 1972 के आस-पास हुई, जब जाँनिसार अख़्तर को सम्मानित किया गया था। उस ज़माने में उर्दू अकादमी और हिन्दी साहित्य परिषद साथ ही थे और शानी साहब उसके सचिव थे। शाम को शानी साहब ने जाँनिसार, निदा और मुझे खाने पर आमंत्रित किया। ये पहला मौक़ा था जब निदा और मैं एक दूसरे से मिले और मुझे उनसे मिलकर बेहत ख़ुशी महसूस हुई। वे वहाँ रखे संग्रह में से पाकिस्तानी कवियित्री फ़हमीदा रियाज़ की कोई पुस्तक पढ़ कर सुना रहे थे। उसी ज़माने में ख़्य्याम ने उनकी ग़ज़लों का रिकॉर्ड तैयार किया था, जिसमें ज़्यादातर गीत मुकेश के गाए हुए थे। वो रिकॉर्ड एच एम वी ने निकाला था, जो मैंने भी ख़रीदा और उस खूबसूरत संकलन को सुनकर मज़ा आ गया।

निदा साहब में एक ख़ास तरह की बेतकल्लुफ़ी और खुलापन था, लेकिन अक्सर इस खुलेपन के साथ जो फूहड़पन आ जाता है, वो उनमें नहीं था। उनकी रचना शैली बड़ी गहराई तक भेदने वाली है। बम्बई जाकर उन्होंने 'मुलाकातें' नाम से लेखों को तैयार करने का सिलसिला शुरू किया, जिसमें साहिर लुधियानवी, अली सरदार जाफ़री, कैफ़ी आज़मी जैसी शख़्सियतों से बातचीत का दौर चलता था। इसमें वे किसी के साथ मुरव्वत नहीं बरतते थे, और उन्हें पता भी नहीं चला कि इस दौरान उन्होंने कितने दुश्मन बना लिए। कई कारणों से 'मुलाकातें' बड़ा विवादस्पदा रहा। जाँनिसार अख़्तर भी कुछ अरसे तक उनसे नाराज़ रहे, लेकिन बाद में सब सामान्य हो गया।

निदा साहब में सेन्स ऑफ़ ऑब्जेक्टिविटी और खुलापन निश्चित रूप से मौजूद था। वे बात को एक नई तरह से सोचते और उसके बारे में सवाल करते। 'मुलाकातें' अपने आप में एक संपदा है। और उनकी आत्मकथात्मक रचना 'दीवारों के बीच' पढ़कर अहसास होता है कि वे गद्य भी उतना ही अच्छा लिख सकते थे। एक शे'र है...

चश्म हो तो आईनाख़ाना है दिल
मुँह नज़र आते हैं दीवारों के बीच

निदा साहब ने एक संघर्ष भरी ज़िंदगी जी और फ़िल्मी दुनिया में गाने लिखना उनके लिए बहुत आसान काम था। वे वास्तव में एक रचनात्मक कवि थे, तथा सामाजिक मुद्दों पर बात करने के लिये भी उन्होंने शायरी का इस्तेमाल किया। और हाँ, हिन्दी के प्रति उनका लगाव शायद ग्वालियर से शुरू हुआ। उन्होंने दोहों को जितनी खूबसूरती से लिखा है वो तारीफ़ के क़ाबिल है। ज़्यादातर शायर अच्छी अंग्रेज़ी नहीं जानते, लेकिन जब निदा ने यहूदा आमीचाई (हिब्रू भाषा के कवि) की बात की तो मुझे बहुत अच्छा लगा। मुझे पता चला की अन्य भाषाओं से अंग्रेज़ी और हिन्दी में जो अनुवाद हुए हैं, वे भी उन्होंने पढ़े हैं।

मैंने उनको धीरे-धीरे बदलते हुए भी देखा - पहले जो उनका सादा पहनावा था, उसके ऊपर सोने-चांदी के चेन-बटन नज़र आने लगे। एक बार वे मानस मुखर्जी के साथ आए थे, जिनका बेटा शान आजकल फ़िल्मों वगैरह में गाने गाता है। ये 1980-81 की बात होगी, जब भोपाल रेलवे स्टेशन के पुराने नम्बर एक प्लैटफ़ॉर्म की तरफ़ वाले होटलों में अक्सर शाम को मैं, ब. व. कारंत, मानस मुखर्जी, निदा, अलखनंदन, फ़ज़ल ताबिश, इजलाल मजीद और अन्य कई लोग मिलते थे।

निदा साहब के गुज़रने पर उन्हें हमारी पार्लियामेंट में भी याद किया गया, प्रधान मंत्री ने भी याद किया और आम लोगों ने भी उनकी बात की। इसी से यह अंदाज़ा होता है कि समाज में उनका कितना महत्त्व था। मुझे लगता है कि कवि लिखते तो हैं लेकिन पढ़ते बहुत कम हैं - अगर वे हिन्दी में लिख रहे हैं तो हिन्दी ही पढ़ेंगे, उर्दू में लिख रहे हैं तो उर्दू ही पढ़ेंगे। निदा ऐसे न थे। वे बहुत अच्छे अंदाज़ में कविता पढ़ते थे और मुशायरा लूटने वाले शायर थे। बशीर बद्र के अलावा वे ही आखिरी प्रमुख शायर थे। अब आगे वाली पीढ़ी बौनों की है। अपने स्तर का एक बड़ा शायर चला गया, बड़ा अफ़सोस होता है यह सोचकर।

वे हमेशा पढ़े जाएँगे और याद किए जाएँगे।

मंज़ूर एहतेशाम

पहली बार निदा फ़ाज़ली जी से मेरी बात फ़ोन पर हुई। मैंने उन्हें शायर बशीर बद्र की पुस्तक "मुसाफ़िर" के सिलसिले में फ़ोन किया था। "मुसाफ़िर" का संकलन व संपादन मेरे द्वारा ही किया गया है। निदा जी ने मुझसे बहुत आत्मीयता से बात की और बशीर साहब के बारे में बहुत कुछ बताया। निदा जी बहुत ही सरल स्वभाव के व्यक्ति थे। मेरी बहुत ख़्वाहिश थी की मैं उनकी पुस्तकों के संकलन का काम करूँ। मैंने उनकी रचनाओं पर आधारित पुस्तक पर काम करने की अनुमति माँगी और उन्होंने मुझे ख़ुशी से इसके लिए अनुमति दे दी।

मैं निदा जी का बहुत बड़ा क़द्रदान हूँ और उनकी ग़ज़लें व शायरी पढ़कर मैंने बहुत कुछ सीखा है। उनकी रचनाओं में पूरा जीवन छिपा हुआ है।

मैं मंजुल पब्लिशिंग हाउस का बहुत शुक्रगुज़ार हूँ कि उन्होंने इस पुस्तक को तैयार करने के लिए मुझ पर भरोसा जताया। इस पुस्तक की तैयारी में अपने परिवारजनों व मित्रों द्वारा दिए गए सहयोग के लिए मैं उनका हृदय से आभारी हूँ।

मुझे विश्वास है कि पाठक निदा फ़ाज़ली के इस संग्रह 'दुनिया जिसे कहते हैं' को भी बड़े प्यार और सम्मान के साथ अपनाएँगे।

सचिन चौधरी

संकलनकर्ता

ग़ज़लें

1

कभी किसी को मुकम्मल[1] जहाँ नहीं मिलता
कहीं ज़मीं तो कहीं आस्माँ नहीं मिलता

बुझा सका है भला कौन वक़्त के शोले
ये ऐसी आग है जिसमें धुआँ नहीं मिलता

तमाम शहर में ऐसा नहीं ख़ुलूस न हो
जहाँ उम्मीद हो इसकी वहाँ नहीं मिलता

कहाँ चिराग़ जलायें कहाँ गुलाब रखें
छतें तो मिलती हैं लेकिन मकाँ नहीं मिलता

ये क्या अज़ाब है सब अपने आप में गुम हैं
ज़बाँ मिली है मगर हमज़बाँ नहीं मिलता

चिराग़ जलते ही बीनाई बुझने लगती है
ख़ुद अपने घर में ही घर का निशाँ नहीं मिलता

1. सम्पूर्ण

2

हर तरफ़ हर जगह बेशुमार आदमी
फिर भी तन्हाइयों का शिकार आदमी

सुब्ह से शाम तक बोझ ढोता हुआ
अपनी ही लाश का ख़ुद मज़ार आदमी

हर तरफ़ भागते दौड़ते रास्ते
हर तरफ़ आदमी का शिकार आदमी

रोज़ जीता हुआ रोज़ मरता हुआ
हर नये दिन नया इंतज़ार आदमी

घर की दहलीज़ से गेहूँ के खेत तक
चलता फिरता कोई कारोबार आदमी

ज़िन्दगी का मुक़द्दर सफ़र दर सफ़र
आख़िरी साँस तक बेक़रार आदमी

3

गरज-बरस प्यासी धरती पर फिर पानी दे मौला
चिड़ियों को दाना, बच्चों को गुड़धानी दे मौला

दो और दो का जोड़ हमेशा चार कहाँ होता है
सोच-समझवालों को थोड़ी नादानी दे मौला

फिर रोशन कर ज़ह्र का प्याला चमका नयी सलीबें
झूठों की दुनिया में सच को ताबानी[1] दे मौला

फिर मूरत से बाहर आकर चारों ओर बिखर जा
फिर मन्दिर को कोई 'मीरा' दीवानी दे मौला

तेरे होते कोई किसी की जान का दुश्मन क्यों हो
जीनेवालों को मरने की आसानी दे मौला

---

1. आभा

4

सफ़र में धूप तो होगी जो चल सको तो चलो
सभी हैं भीड़ में तुम भी निकल सको तो चलो

यहाँ किसी को कोई रास्ता नहीं देता
मुझे गिरा के अगर तुम सँभल सको तो चलो

हर इक सफ़र को है महफ़ूज़[1] रास्तों की तलाश
हिफ़ाज़तों की रवायत बदल सको तो चलो

यही है ज़िन्दगी, कुछ ख़्वाब, चन्द उम्मीदें
इन्हीं खिलौनों से तुम भी बहल सको तो चलो

किसी के वास्ते राहें कहाँ बदलती हैं
तुम अपने आपको ख़ुद ही बदल सको तो चलो

---

1. सुरक्षित

5

दुनिया जिसे कहते हैं जादू का खिलौना है
मिल जाये तो मिट्टी है, खो जाये तो सोना है

अच्छा सा कोई मौसम, तन्हा-सा कोई आलम[1]
हर वक़्त का रोना तो बेकार का रोना है

बरसात का बादल तो दीवाना है क्या जाने
किस राह से बचना है किस छत को भिगोना है

ग़म हो कि ख़ुशी दोनों कुछ दूर के साथी हैं
फिर रस्ता ही रस्ता है, हँसना है न रोना है

ये वक़्त जो तेरा है ये वक़्त जो मेरा है
हर गाम[2] पे पहरा है, फिर भी इसे खोना है

आवारामिज़ाजी[3] ने फैला दिया आँगन को
आकाश की चादर है धरती का बिछौना है

---

1. दशा, दसंसार 2. क़दम 3. आवारा स्वभाव

6

धूप में निकलो घटाओं में नहाकर देखो
ज़िन्दगी क्या है किताबों को हटाकर देखो

सिर्फ़ आँखों से ही दुनिया नहीं देखी जाती
दिल की धड़कन को भी बीनाई[1] बनाकर देखो

पत्थरों में भी ज़बाँ होती है, दिल होते हैं
अपने घर के दर-ओ-दीवार सजाकर देखो

वो सितारा है चमकने दो यूँ ही आँखों में
क्या ज़रूरी है उसे जिस्म बनाकर देखो

फ़ासला नज़रों का धोका भी तो हो सकता है
चाँद जब चमके ज़रा हाथ बढ़ाकर देखो

1. दृष्टि

7

कहीं-कहीं से हर चेहरा तुम जैसा लगता है
तुम को भूल न पायेंगे हम, ऐसा लगता है

ऐसा भी इक रंग है जो करता है बातें भी
जो भी इसको पहन ले वो अपना-सा लगता है

तुम क्या बिछड़े भूल गये रिश्तों की शराफ़त हम
जो भी मिलता है कुछ दिन ही अच्छा लगता है

अब भी यूँ मिलते हैं हमसे फूल चमेली के
जैसे इनसे अपना कोई रिश्ता लगता है

और तो सब कुछ ठीक है लेकिन कभी-कभी यूँ ही
चलता-फिरता शहर अचानक तन्हा लगता है

8

अपनी मर्ज़ी से कहाँ अपने सफ़र के हम हैं
रुख़ हवाओं का जिधर का है, उधर के हम हैं

पहले हर चीज़ थी अपनी मगर अब लगता है
अपने ही घर में, किसी दूसरे घर के हम हैं

वक़्त के साथ है मिट्टी का सफ़र सदियों से
किसको मालूम, कहाँ के हैं, किधर के हम हैं

जिस्म से रूह तलक अपने कई आलम हैं
कभी धरती के, कभी चाँद नगर के हम हैं

चलते रहते हैं कि चलना है मुसाफ़िर का नसीब
सोचते रहते हैं, किस राहगुज़र के हम हैं

गिनतियों में ही गिने जाते हैं हर दौर में हम
हर क़लमकार की बेनाम ख़बर के हम हैं

9

जो खो जाता है मिलकर ज़िन्दगी में
ग़ज़ल है नाम उसका, शायरी में

निकल आते हैं, आँसू हँसते-हँसते
ये किस ग़म की कसक है, हर ख़ुशी में

कहीं आँखे, कहीं चेहरा, कहीं लब
हमेशा एक मिलता है, कई में

चमकती है अँधेरों में ख़ामोशी
सितारे टूटते हैं रात ही में

गुज़र जाती है यूँ ही उम्र सारी
किसी को ढूँढ़ते हैं हम किसी में

सुलगती रेत में पानी कहाँ था
कोई बादल छुपा था तश्नगी[1] में

बहुत मुश्किल है बंजारामिज़ाजी[2]
सलीक़ा चाहिए आवारगी में

---

1. प्यास 2. घुम्मकड़ स्वभाव

10

हर घड़ी ख़ुद से उलझना है, मुक़द्दर मेरा
मैं ही कश्ती हूँ मुझी में है समन्दर मेरा

किस से पूछूँ कि कहाँ गुम हूँ कई बरसों से
हर जगह ढूँडता फिरता है मुझे घर मेरा

एक से हो गये मौसम हों कि चेहरे सारे
मेरी आँखों से कहीं खो गया मंज़र मेरा

मुद्दतें बीत गयीं ख़्वाब सुहाना देखे
जागता रहता है हर नींद में बिस्तर मेरा

आईना देख के निकला था मैं घर से बाहर
आज तक हाथ में महफ़ूज़[1] है पत्थर मेरा

1. सुरक्षित

11

मुँह की बात सुने हर कोई, दिल के दर्द को जाने कौन
आवाज़ों के बाज़ारों में ख़ामोशी पहचाने कौन

सदियों-सदियों वही तमाशा, रस्ता-रस्ता लम्बी खोज
लेकिन जब हम मिल जाते हैं खो जाता है जाने कौन

जाने क्या-क्या बोल रहा था सरहद, प्यार, किताबें, ख़ून
कल मेरी नींदों में छुपकर जाग रहा था जाने कौन

मैं उसकी परछाई हूँ या वो मेरा आईना है
मेरे ही घर में रहता है मेरे जैसा जाने कौन

किरन-किरन अलसाता सूरज, पलक-पलक खुलती नींदें
धीमे-धीमे बिखर रहा है ज़र्रा-ज़र्रा[1] जाने कौन

1. कण-कण

12

अपना ग़म ले के कहीं और न जाया जाये
घर में बिखरी हुई चीज़ों को सजाया जाये

जिन चिराग़ों को हवाओं का कोई ख़ौफ़ नहीं
उन चिराग़ों को हवाओं से बचाया जाये

क्या हुआ शहर को कुछ भी तो नज़र आये कहीं
यूँ किया जाये कभी ख़ुद को रुलाया जाये

बाग़ में जाने के आदाब हुआ करते हैं
किसी तितली को न फूलों से उड़ाया जाये

ख़ुदकुशी करने की हिम्मत नहीं होती सब में
और कुछ दिन अभी औरों को सताया जाये

घर से मस्जिद है बहुत दूर चलो यूँ कर लें
किसी रोते हुए बच्चे को हँसाया जाये

13

हर एक घर में दिया भी जले अनाज भी हो
अगर न हो कहीं ऐसा तो एहतेजाज[1] भी हो

रहेगी वादों में कब तक असीर[2] ख़ुशहाली
हर बार एक ही कल क्यों, कभी तो आज भी हो

न करते शोर शराबा तो और क्या करते
तुम्हारे शहर में कुछ और काम-काज भी हो

हुकूमतों को बदलना तो कुछ मुहाल[3] नहीं
हुकूमतें जो बदलता है वो समाज भी हो

बदल रहे हैं कई आदमी दरिन्दों में
मरज़[4] पुराना है इसका नया इलाज भी हो

अकेले ग़म से नयी शायरी नहीं होती
ज़बाने मीर में ग़ालिब का इम्तेज़ाज[5] भी हो

1. प्रदर्शन 2. क़ैदी 3. मुश्किल 4. रोग 5. मिला-जुला

14

बे नाम सा ये दर्द ठहर क्यों नहीं जाता
जो बीत गया है वो गुज़र क्यों नहीं जाता

सब कुछ तो है, क्या ढूँढ़ती रहती हैं निगाहें
क्या बात है मैं वक़्त पे घर क्यों नहीं जाता

वो एक ही चेहरा तो नहीं सारे जहाँ में
जो दूर है वो दिल से उतर क्यों नहीं जाता

मैं अपनी ही उलझी हुई राहों का तमाशा
जाते हैं जिधर सब मैं उधर क्यों नहीं जाता

वो ख़्वाब जो बरसों से न चेहरा न बदन है
वो ख़्वाब हवाओं में बिखर क्यों नहीं जाता

15

बदला न अपने आपको जो थे वही रहे
मिलते रहे सभी से मगर अजनबी रहे

अपनी तरह सभी को किसी की तलाश थी
हम जिसके भी क़रीब रहे दूर ही रहे

दुनिया न जीत पाओ तो हारो न ख़ुद को तुम
थोड़ी बहुत तो ज़ेह्न में नाराज़गी रहे

गुज़रो जो बाग़ से तो दुआ माँगते चलो
जिसमें खिले हैं फूल वो डाली हरी रहे

हर वक़्त हर मक़ाम पे हँसना मुहाल[1] है
रोने के वास्ते भी कोई बेकली रहे

1. कठिन

16

चाँद से, फूल से या मेरी ज़बाँ से सुनिए
हर जगह आपका क़िस्सा है जहाँ से सुनिए

सबको आता नहीं दुनिया को सजाकर जीना
ज़िन्दगी क्या है मोहब्बत की ज़बाँ से सुनिए

क्या ज़रूरी है कि हर पर्दा उठाया जाए
मेरे हालात भी अपने ही मकाँ से सुनिए

मेरी आवाज़ ही पर्दा है मेरे चेहरे का
मैं हूँ ख़ामोश जहाँ, मुझको वहाँ से सुनिए

कौन पढ़ सकता है पानी पे लिखी तहरीरें
किसने क्या लिक्खा है ये आब-ए-रवाँ[1] से सुनिए

चाँद में कैसे हुई क़ैद किसी घर की ख़ुशी
ये कहानी किसी मस्जिद की अज़ाँ से सुनिए

---

1. बहता हुआ पानी

17

कभी-कभी यूँ भी हमने, अपने जी को बहलाया है
जिन बातों को ख़ुद नहीं समझे, औरों को समझाया है

मीर-ओ-ग़ालिब के शे'रों ने किसका साथ निभाया है
सस्ते गीतों को लिख-लिख कर हमने घर बनवाया है

हमसे पूछो इज़्ज़त वालों की इज़्ज़त का हाल कभी
हमने भी इस शहर में रहकर, थोड़ा नाम कमाया है

उसको भूले मुद्दत गुज़री लेकिन आज न जाने क्यों
आँगन में हँसते बच्चों को, बेकारन धमकाया है

उस बस्ती से छूट के यूँ तो, हर चेहरे को याद किया है
जिससे थोड़ी-सी अनबन थी, वो अक्सर याद आया है

कोई मिला तो हाथ मिलाया, कहीं गये तो बातें की
घर से बाहर जब भी निकले, दिन भर बोझ उठाया है

18

जाने वालों से राब्ता[1] रखना
दोस्तो! रस्म-ए-फ़ातिहा[2] रखना

जब किसी से कोई गिला रखना
सामने अपने आईना रखना

घर की तामीर[3] चाहे कैसी हो
इसमें रोने की कुछ जगह रखना

जिस्म में फैलने लगा है शहर
अपनी तनहाइयाँ बचा रखना

मस्जिदें हैं नमाज़ियों के लिए
अपने दिल में कहीं ख़ुदा रखना

मिलना-जुलना जहाँ ज़रुरी हो
मिलने-जुलने का हौसला रखना

उम्र करने को है पचास को पार
कौन है किस जगह पता रखना

---

1. सम्पर्क 2. फ़ातिहा की परम्परा 3. निर्माण

19

बात कम कीजै ज़ेहानत को छुपाते रहिए
अजनबी है शहर ये, दोस्त बनाते रहिए

दुश्मनी लाख सही ख़त्म न कीजे रिश्ता
दिल मिले या न मिले हाथ मिलाते रहिए

ये तो चेहरे का फ़क़त अक्स है तस्वीर नहीं
इस पे कुछ रंग अभी और चढ़ाते रहिए

ग़म है आवारा अकेले हैं भटक जाता है
जिस जगह रहिए वहाँ मिलते-मिलाते रहिए

जाने कब चाँद बिखर जाए घने जंगल में
घर की चौखट पे कोई दीप जलाते रहिए

20

अब ख़ुशी है न कोई दर्द रुलाने वाला
हमने अपना लिया हर रंग ज़माने वाला

एक बेचेहरा-सी उम्मीद है चेहरा-चेहरा
जिस तरफ़ देखिए आने को है आने वाला

उसको रुख़सत[1] तो किया था मुझे मालूम न था
सारा घर ले गया घर छोड़ के जाने वाला

दूर के चाँद को ढूँढ़ो न किसी आँचल में
ये उजाला नहीं आँगन में समाने वाला

इक मुसाफ़िर के सफ़र जैसी है सबकी दुनिया
कोई जल्दी में कोई देर में जाने वाला

---

1. विदा

21

(पाकिस्तान से लौटने के बाद)

इन्सान में हैवान यहाँ भी है वहाँ भी
अल्लाह निगहबान यहाँ भी है वहाँ भी

ख़ूँख़्वार दरिन्दों के फ़क़त नाम अलग हैं
शह्रों में बयाबान यहाँ भी है वहाँ भी

रहमान की कुदरत हो या भगवान की मूरत
हर खेल का मैदान यहाँ भी है वहाँ भी

हिन्दू भी मज़े में है मुसलमाँ भी मज़े में
इन्सान परेशान यहाँ भी है वहाँ भी

उठता है दिल-ओ-जाँ से धुआँ दोनों ही तरफ़
ये 'मीर'[1] का दीवान यहाँ भी है वहाँ भी

1. उर्दू के महान कवि

22

हम हैं कुछ अपने लिए कुछ हैं ज़माने के लिए
घर से बाहर की फ़ज़ा हँसने-हँसाने के लिए

यूँ लुटाते न फिरो मोतियों वाले मौसम
ये नगीने तो हैं रातों को सजाने के लिए

अब जहाँ भी हैं वहीं तक लिखो रूदाद-ए-सफ़र[1]
हम तो निकले थे कहीं और ही जाने के लिए

मेज़ पर ताश के पत्तों-सी सजी है दुनिया
कोई खोने के लिए है कोई पाने के लिए

तुमसे छुट कर भी तुम्हें भूलना आसान न था
तुमको ही याद किया तुमको भुलाने के लिए

---

1. यात्रा वृत्तान्त

23

मन बैरागी, तन अनुरागी, क़दम-क़दम दुश्वारी है
जीवन जीना सहल[1] न जानो, बहुत बड़ी फ़नकारी[2] है

औरों जैसे होकर भी हम बाइज़्ज़त हैं बस्ती में
कुछ लोगों का सीधापन है, कुछ अपनी भी अय्यारी[3] है

जब-जब मौसम झूमा हमने कपड़े फाड़े, शोर किया
हर मौसम शाइस्ता[4] रहना कोई दुनियादारी है

ऐब नहीं है उसमें कोई, लाल-परी ना फूल-गली
ये मत पूछो वो अच्छा है या अच्छी नादारी है

---

1. आसान 2. कलाकारी 3. चालाकी, धूर्तता 4. सभ्य, शिष्ट

24

कुछ भी बचा न कहने को हर बात हो गयी
आओ कहीं शराब पिएँ रात हो गयी

सूरज को चोंच में लिये मुर्ग़ा खड़ा रहा
खिड़की के पर्दे खींच दिये रात हो गयी

वो आदमी अब कितना भला कितना पुरख़ुलूस[1]
उससे भी आज लीजे मुलाक़ात हो गयी

रस्ते में वो मिला था, मैं बच कर गुज़र गया
उसकी फटी क़मीज़ मिरे साथ हो गयी

नक़्शा उठा के कोई नया शह्र ढूँढिए
इस शह्र में तो सबसे मुलाक़ात हो गयी

---

1. निश्छलता से भरा हुआ

25

दिल में न हो जुरअत[1] तो मोहब्बत नहीं मिलती
ख़ैरात में इतनी बड़ी दौलत नहीं मिलती

कुछ लोग यूँ ही शह्र में हमसे भी ख़फ़ा हैं
हर एक से अपनी भी तबीयत नहीं मिलती

देखा था जिसे मैंने कोई और था शायद
वो कौन है जिससे तेरी सूरत नहीं मिलती

हँसते हुए चेहरों से है बाज़ार की ज़ीनत[2]
रोने की यहाँ वैसे भी फ़ुर्सत नहीं मिलती

निकला करो ये शम्आ लिये घर से भी बाहर
तनहाई सजाने को मुसीबत नहीं मिलती

---

1. साहस 2. शोभा

26

देखा हुआ-सा कुछ है तो सोचा हुआ-सा कुछ
हर वक़्त मेरे साथ है उलझा हुआ-सा कुछ

होता है यूँ भी, रास्ता खुलता नहीं कहीं
जंगल-सा फैल जाता है खोया हुआ-सा कुछ

साहिल[1] की गीली रेत पर बच्चों के खेल-सा
हर लम्हा मुझमें बनता बिखरता हुआ-सा कुछ

फ़ुर्सत ने आज घर को सजाया कुछ इस तरह
हर शै[2] से मुस्कराता है रोता हुआ-सा कुछ

धुँधली-सी एक याद किसी क़ब्र का दिया
और! मेरे आस-पास चमकता हुआ-सा कुछ

1. किनारा 2. वस्तु

27

नयी-नयी पोशाक बदलकर मौसम आते जाते हैं
फूल कहाँ जाते हैं जब भी जाते हैं लौट आते हैं

शायद कुछ दिन और लगेंगे ज़ख़्म-ए-दिल[1] के भरने में
जो अक्सर याद आते थे वो कभी-कभी याद आते हैं

चलती-फिरती धूप-छाँव से चेहरा बाद में बनता है
पहले-पहले सभी ख़यालों से तस्वीर बनाते हैं

आँखों देखी कहने वाले पहले भी कम-कम ही थे
अब तो सब ही सुनी-सुनाई बातों को दोहराते हैं

इस धरती पर आकर सबका अपना कुछ खो जाता है
कुछ रोते हैं कुछ इस ग़म से अपनी ग़ज़ल सजाते हैं

1. हृदय का घाव

28

कोई किसी से ख़ुश हो, और वो भी बारहा[1] हो ये बात तो ग़लत है
रिश्ता लिबास बनकर, मैला नहीं हुआ हो ये बात तो ग़लत है

वो चाँद रहगुज़र का साथी जो था सफ़र का था मोजिज़ा[2] नज़र का
हर बार की नज़र से, रोशन वो मोजिज़ा हो ये बात तो ग़लत है

है बात उसकी अच्छी, लगती है दिल को सच्ची फिर भी है थोड़ी कच्ची
जो उसका हादिसा है, मेरा भी तजुर्बा हो ये बात तो ग़लत है

दरिया है बहता पानी, हर मौज है रवानी रुकती नहीं कहानी
जितना लिखा गया है, उतना ही वाक़या हो ये बात तो ग़लत है

ये युग है कारोबारी, हर शै है इश्तिहारी[3] राजा हो या भिखारी
शोहरत है जिसकी जितनी, उतना ही मर्तबा[4] हो ये बात तो ग़लत है

---

1. अक्सर 2. चमत्कार 3. प्रचार वाली 4. स्तर

29

दिन सलीके से उगा रात ठिकाने से रही
दोस्ती अपनी ही कुछ रोज़ ज़माने से रही

चन्द लम्हों को ही बनती हैं मुसव्विर[1] आँखें
ज़िन्दगी रोज़ तो तस्वीर बनाने से रही

इस अँधेरे में तो ठोकर ही उजाला देगी
रात जंगल में कोई शम्आ जलाने से रही

फ़ासला चाँद बना देता है हर पत्थर को
दूर की रोशनी नज़दीक तो आने से रही

शहर में सबको कहाँ मिलती है रोने की जगह
अपनी इज़्ज़त भी यहाँ हँसने-हँसाने से रही

1. चित्रकार

30

याद आता है सुना था पहले
कोई अपना भी ख़ुदा था पहले

मैं वो मक़तूल[1] जो क़ातिल न बना
हाथ मेरा भी उठा था पहले

जिस्म बनने में उसे देर लगी
इक उजाला-सा हुआ था पहले

फूल जो बाग़ की ज़ीनत[2] ठहरा
मेरी आँखों में खिला था पहले

आसमाँ, खेत, समन्दर सब लाल
ख़ून काग़ज़ पे उगा था पहले

शहर तो बाद में वीरान हुआ
मेरा घर ख़ाक हुआ था पहले

अब किसी से भी शिकायत न रही
जाने किस-किस से गिला था पहले

---

1. वधित 2. शोभा

31

सफ़र को जब भी किसी दास्तान में रखना
क़दम यक़ीन में मंज़िल गुमान[1] में रखना

जो साथ है वही घर का नसीब है लेकिन
जो खो गया है उसे भी मकान में रखना

जो देखती हैं निगाहें वही नहीं सब कुछ
ये एहतियात[2] भी अपने बयान में रखना

वो एक ख़्वाब जो चेहरा कभी नहीं बनता
बना के चाँद उसे आसमान में रखना

चमकते चाँद सितारों का क्या भरोसा है
ज़मीं की धूल भी अपनी उड़ान में रखना

सवाल तो बिना मेहनत के हल नहीं होते
नसीब को भी मगर इम्तिहान में रखना

---

1. भ्रम 2. सावधानी

32

नयी-नयी आँखें हों तो हर मंज़र अच्छा लगता है
कुछ दिन शहर में घूमे लेकिन, अब घर अच्छा लगता है

मिलने-जुलने वालों में तो सारे अपने जैसे हैं
जिससे अब तक मिले नहीं वो अक्सर अच्छा लगता है

मेरे आँगन में आये या तेरे सर पर चोट लगे
सन्नाटों में बोलने वाला पत्थर अच्छा लगता है

चाहत हो या पूजा सबके अपने-अपने साँचे हैं
जो मूरत में ढल जाये तो पैकर[1] अच्छा लगता है

हमने भी सोकर देखा है नये-पुराने शहरों में
जैसा भी है अपने घर का बिस्तर अच्छा लगता है

---

1. आकृति

33

उठ के कपड़े बदल, घर से बाहर निकल, जो हुआ सो हुआ
रात के बाद दिन, आज के बाद कल जो हुआ सो हुआ

जब तलक साँस है, भूख है, प्यास है ये ही इतिहास है
रख के काँधे पे हल, खेत की ओर चल, जो हुआ सो हुआ

खून से तर-ब-तर करके हर रहगुज़र, थक चुके जानवर
लकड़ियों की तरह फिर से चूल्हे में जल, जो हुआ सो हुआ

जो मरा क्यों मरा, जो जला क्यों जला, जो लुटा क्यों लुटा
मुद्दतों से हैं गुम, इन सवालों के हल, जो हुआ सो हुआ

मन्दिरों में भजन, मस्जिदों में अज़ाँ, आदमी है कहाँ?
आदमी के लिए एक ताज़ा ग़ज़ल जो हुआ सो हुआ

34

नील गगन में तैर रहा है उजला-उजला पूरा चाँद
किन आँखों से देखा जाए, चंचल चेहरे जैसा चाँद

मुन्नी की भोली बातों सी चटकीं तारों की कलियाँ
पप्पू की ख़ामोश-शरारत-सा छुप-छुप कर उभरा चाँद

मुझसे पूछो कैसे काटी मैंने पर्वत जैसी रात
तुमने तो गोदी में लेकर घण्टों चूमा होगा चाँद

परदेसी सूनी आँखों में शोले से लहराते हैं
भाभी की छेड़ों-से बादल, आपा की चुटकी-सा चाँद

तुम भी लिखना, तुमने उस शब कितनी बार पिया पानी
तुम ने भी तो छज्जे ऊपर, देखा होगा पूरा चाँद

35

आती-जाती हर मोहब्बत है चलो यूँ ही सही
जब तलक है ख़ूबसूरत है चलो यूँ ही सही

हम कहाँ के देवता हैं बेवफ़ा वो है तो क्या
घर में कोई घर की ज़ीनत है चलो यूँ ही सही

वो नहीं तो कोई तो होगा कहीं उसकी तरह
जिस्म में जब तक हरारत है चलो यूँ ही सही

मैले हो जाते हैं रिश्ते भी लिबासों[1] की तरह
दोस्ती हर दिन की मेहनत है चलो यूँ ही सही

भूल थी अपनी फ़रिश्ता आदमी में ढूँढना
आदमी में आदमीयत है चलो यूँ ही सही

जैसी होनी चाहिए थी वैसी तो दुनिया नहीं
दुनियादारी भी ज़रूरत है चलो यूँ ही सही

---

1. वस्त्रों

36

घर से निकले तो हो सोचो भी किधर जाओगे
हर तरफ़ तेज़ हवाएँ हैं बिखर जाओगे

इतना आसाँ नहीं लफ़्ज़ों[1] पे भरोसा करना
घर की दहलीज़ पुकारेगी जिधर जाओगे

शाम होते ही सिमट जायेंगे सारे रस्ते
बहते दरिया में जहाँ होगे, ठहर जाओगे

हर नये शहर में कुछ रातें कड़ी होती हैं
छत से दीवारें जुदा होंगी तो डर जाओगे

पहले हर चीज़ नज़र आयेगी बेमानी-सी
और फिर अपनी ही नज़रों से उतर जाओगे

1. शब्दों

37

मुमकिन है सफ़र हो आसाँ अब साथ भी चलकर देखें
कुछ तुम भी बदलकर देखो, कुछ हम भी बदलकर देखें

आँखों में कोई चेहरा हो, हर गाम[1] पे इक पहरा हो
जंगल से चलें बस्ती में दुनिया को सँभलकर देखें

सूरज की तपिश भी देखी, शोलों की कशिश[2] भी देखी
अबके जो घटाएँ छाएँ बरसात में जलकर देखें

दो-चार क़दम हर रस्ता पहले की तरह लगता है
शायद कोई मंज़र बदले कुछ दूर तो चलकर देखें

अब वक़्त बचा है कितना जो और लड़ें दुनिया से
दुनिया की नसीहत[3] पर भी थोड़ा-सा अमल कर देखें

---

1. पग 2. आकर्षण 3. उपदेश

38

आँख को जाम लिखो ज़ुल्फ़ को बरसात लिखो
जिससे नाराज़ हो उस शख़्स की हर बात लिखो

जिससे मिलकर भी न मिलने की कसक बाक़ी है
उसी अनजान शनासा[1] की मुलाक़ात लिखो

जिस्म मस्जिद की तरह, आँखें नमाज़ों जैसी
जब गुनाहों में इबादत[2] थी वो दिन-रात लिखो

इस कहानी का तो अंजाम वही है कि जो था
तुम जो चाहो तो मोहब्बत की शुरुआत लिखो

जब भी देखो उसे अपनी ही नज़र से देखो
कोई कुछ भी कहे तुम अपने ख़यालात लिखो

---

1. परिचित 2. पूजा

39

अबके ख़फ़ा हुआ है तो इतना ख़फ़ा भी हो
तू भी हो और तुझमें कोई दूसरा भी हो

यूँ तो हर एक बीज की फ़ितरत[1] दरख़्त है
खिलते हैं जिस पे फूल वो आब-ओ-हवा[2] भी हो

आँखें न छीन मेरी नक़ाबें बदलता चल
यूँ हो कि तू क़रीब भी हो और जुदा भी हो

रिश्तों के रेगज़ार[3] में हर सर पे धूप है
हर पाँव में सफ़र है मगर रास्ता भी हो

दुनिया के कहने सुनने पे इन्सानियत न छोड़
इन्सान है तो साथ में कोई ख़ता भी हो

---

1. प्रकृति, स्वभाव 2. जलवायु 3. मरुस्थल

40

दीवार-ओ-दर से उतर के परछाइयाँ बोलती हैं
कोई नहीं बोलता जब तनहाइयाँ बोलती हैं

परदेस के रास्तों में रुकते कहाँ हैं मुसाफ़िर
हर पेड़ कहता है क़िस्सा ख़ामोशियाँ बोलती हैं

मौसम कहाँ मानता है तहज़ीब[1] की बन्दिशों को
जिस्मों से बाहर निकल के अँगड़ाइयाँ बोलती हैं

एक बार तो ज़िन्दगी में मिलती है सबको हुकूमत[2]
कुछ दिन तो हर आईने में शहज़ादियाँ बोलती हैं

सुनने की मोहलत[3] मिले तो आवाज़ है पत्थरों में
उजड़ी हुई बस्तियों में आबादियाँ बोलती हैं

---

1. सभ्यता 2. सत्ता 3. अवकाश

41

तेरा सच है तेरे अज़ाबों[1] में
झूट लिक्खा है सब किताबों में

एक से मिल के सब से मिल लीजिए
आज हर शख़्स है नक़ाबों में

तेरा मिलना तिरा नहीं मिलना
एक रस्ता कई सराबों[2] में

उनकी नाकामियों को भी गिनिये
जिनकी शोहरत है कामयाबों में

रोशनी थी सवाल की हद तक
हर नज़र खो गयी जवाबों में

1. कष्टों 2. मृगमरीचिकाओं

42

पहले भी जीते थे मगर जब से मिली है ज़िन्दगी
सीधी नहीं है दूर तक उलझी हुई है ज़िन्दगी

इक आँख से रोती है ये, इक आँख से हँसती है ये
जैसी दिखाई दे जिसे उसकी वही है ज़िन्दगी

जो पाये वो खोये उसे, जो खोये वो रोये उसे
यूँ तो सभी के पास है किसकी हुई है ज़िन्दगी

हर रास्ता अनजान-सा हर फ़लसफ़ा नादान-सा
सदियों पुरानी है मगर हर दिन नयी है ज़िन्दगी

अच्छी-भली थी दूर से जब पास आयी खो गयी
जिसमें न आये कुछ नज़र वो रोशनी है ज़िन्दगी

मिट्टी हवा लेकर उड़ी घूमी फिरी वापस मुड़ी
क़ब्रों पे कतबों[1] की तरह लिक्खी हुई है ज़िन्दगी

1. शिलालेखों

43

उसके दुश्मन हैं बहुत आदमी अच्छा होगा
वो भी मेरी तरह शह्र में तनहा होगा

इतना सच बोल कि होठों का तबस्सुम[1] न बुझे
रोशनी ख़त्म न कर आगे अँधेरा होगा

प्यास जिस नह्र से टकरायी वो बंजर निकली
जिसको पीछे कहीं छोड़ आये वो दरिया होगा

एक महफ़िल में कई महफ़िलें होती हैं शरीक
जिसको भी पास से देखोगे अकेला होगा

मेरे बारे में कोई राय तो होगी उसकी
उसने मुझको भी कभी तोड़ के देखा होगा

1. मुस्कान

44

मिलजुल के बैठने की रिवायत नहीं रही
रावी[1] के पास कोई हिकायत[2] नहीं रही

हर ज़िन्दगी है, हाथ में कशकोल[3] की तरह
महरूमियों[4] के पास बग़ावत नहीं रही

मिसमार हो रही हैं दिलों की इमारतें
अल्लाह के घरों की हिफ़ाज़त नहीं रही

मुल्के-ख़ुदा में सारी ज़मीनें हैं एक-सी
इस दौर के नसीब में हिजरत[5] नहीं रही

सब अपनी-अपनी मौत से मरते हैं इन दिनों
अब दश्ते कर्बला में शहादत नहीं रही

---

1. क़िस्सागो 2. क़िस्सा 3. भीख का प्याला 4. अभाव 5. यात्रा

45

हर चमकती क़ुर्बत[1] में एक फ़ासला देखूँ
कौन आने वाला है किसका रास्ता देखूँ

शाम का धुँदलका है या उदास मामता है
भूली बिसरी यादों से फूटती दुआ देखूँ

मस्जिदों में सिज्दों की मशअलें हुईं रोशन
बेचिराग़ गलियों में खेलता ख़ुदा देखूँ

लह्र-लह्र पानी में डूबता हुआ सूरज
कौन मुझमें दर आया, उठ के आईना देखूँ

लहलहाते मौसम में तेरा ज़िक्रे-शादाबी[2]
शाख़-शाख़ पर तेरे नाम को हरा देखूँ

1. नज़दीकी 2. खुशहाली

46

देखा गया हूँ मैं कभी सोचा गया हूँ मैं
अपनी नज़र में आप तमाशा रहा हूँ मैं

मुझसे मुझे निकाल के पत्थर बना दिया
जब मैं नहीं रहा हूँ तो पूजा गया हूँ मैं

मैं मौसमों के जाल में जकड़ा हुआ दरख़्त
उगने के साथ-साथ बिखरता रहा हूँ मैं

ऊपर के चेहरे-मोहरे से धोखा न खाइये
मेरी तलाश कीजिये, गुम हो गया हूँ मैं

47

नशा बरा-ए-नशा है अज़ाब[1] में शामिल
किसी की याद को कीजै शराब में शामिल

हर इक तलाश यहाँ फ़ासलों से रोशन है
हक़ीक़तें कहाँ होती हैं ख़्वाब में शामिल

वो तुम नहीं हो तो फिर कौन था वो तुम जैसा
किसी का ज़िक्र तो था हर किताब में शामिल

हमें भी शौक़ है अपनी तरह से जीने का
हमारा नाम भी कीजै इताब[2] में शामिल

अकेले कमरे में गुलदान बोलते कब हैं
तुम्हारे होंट हैं शायद गुलाब में शामिल

ज़मीन रोज़ कहाँ मोजिज़ा[3] दिखाती है
मिरी निगाह भी होगी नक़ाब में शामिल

इसी का नाम है नग़्मा इसी का नाम ग़ज़ल
वो इक सुकून जो है इज़्तिराब[4] में शामिल

---

1. कष्ट 2. कोप 3. चमत्कार 4. बेचैनी

48

ये लोग जो तस्वीरों से कमरों में जड़े हैं
मत छेड़ो इन्हें तीर कमानों पे चढ़े हैं

अल्लाह करे रास तुम्हें आये मुहब्बत
ऐसे कई अफ़साने किताबों में पढ़े हैं

बरसात के छींटे हैं कि यादों के धुंदलके
हर शाख़[1] पे बीते हुए लम्हात[2] कढ़े हैं

ये देखो नई कोंपलें फूटें कि न फूटें
बदली है हवा जब भी कई पत्ते झड़े हैं

ज़ंजीर की कड़ियाँ सी महकती हैं फ़ज़ा में
शायद किसी जंगल की तरफ़ पाँव बढ़े हैं

ख़ुशपोश[3] बुज़ुर्गों से दुआ लीजिये कब तक
चलते हैं न फिरते हैं दरख़्तों से खड़े हैं

---

1. टहनी 2. लम्हा का बहुवचन-पल, 3. अच्छा लिबास पहनने वाला

49

तन्हा हुए, ख़राब हुए, आईना हुए
ख़ुद अपनी कायनात[1], ख़ुद अपने ख़ुदा हुए

जब तक जिये बिखरते रहे टूटते रहे
हम साँस-साँस क़र्ज़ की सूरत अदा हुए

हम भी किसी कमान से, निकले थे तीर से
ये और बात है कि निशाने ख़ता[2] हुए

पुरशोर[3] रास्तों से गुज़रना मुहाल[4] था
हट कर चले, तो आप ही अपनी सज़ा हुए

---

1. संसार 2. चूकना 3. शोर-शराबे भरे 4. कठिन

50

जो मिला ख़ुद को ढूँढता ही मिला
हर जगह कोई दूसरा ही मिला

ग़म नहीं सोता आदमी की तरह
नींद में भी ये जागता ही मिला

ख़ुद से ही मिल के लौट आये हम
हमको हर सिम्त[1] आईना ही मिला

जब से गोया[2] हुई है ख़ामोशी
बोलने वाला बेसदा[3] ही मिला

हर थकन का फ़रेब[4] है मंज़िल
चलने वालों को रास्ता ही मिला

---

1. ओर 2. बोलना 3. बेआवाज़ 4. धोखा

51

जागे हुए मिले हैं, कभी सो रहे हैं हम
मौसम बदल रहे हैं बसर[1] हो रहे हैं हम

बैठे हैं दोस्तों में ज़रूरी हैं क़हक़हे
सबको हँसा रहे हैं मगर रो रहे हैं हम

आँखें कहीं, निगाह कहीं, दस्तो-पा[2] कहीं
किससे कहें कि ढूँढ़ो बहुत खो रहे हैं हम

हर सुब्ह फेंक जाती है बिस्तर पे कोई जिस्म
ये कौन मर रहा है किसे ढो रहे हैं हम

शायद कभी उजालों के ऊँचे दरख़्त हों
सदियों से आँसुओं की चमक बो रहे हैं हम

---

1. गुज़ारा करना 2. हाथ और पाँव

52

जिनकी पलकें भीग रही हैं उनको भी ग़म होगा
लेकिन जिस पर आब न ठहरे वो मोती कम होगा

मेरे गीतों जैसी तेरे फूलों की तहरीरें
धरती तेरे अंदर भी शायद कोई ग़म होगा

भीग चुकी है रात तो सूरज के उगने तक जागो
जिस तकिये पर सर रक्खोगे वो तकिया नम होगा

बादल, चाँद, घटाएँ, सूरज, ये बातें क्या जानें
उनसे पूछो किस बस्ती में कैसा मौसम होगा

मेरे तेरे चूल्हों में तो इतनी आग नहीं थी
जिससे सारा शह्र जला है कोई परचम[1] होगा

1. झंडा

53

राक्षस था, न ख़ुदा था पहले
आदमी कितना बड़ा था पहले

आसमाँ, खेत, समन्दर सब लाल
ख़ून काग़ज़ पे उगा था पहले

मैं वो मक़्तूल[1], जो क़ातिल न बना
हाथ मेरा भी उठा था पहले

अब किसी से भी शिकायत न रही
जाने किस-किस से गिला[2] था पहले

शह्र तो बाद में वीरान हुवा
मेरा घर ख़ाक हुआ था पहले

1. जिसका क़त्ल हो 2. शिकायत

54

मैं अपने इख़्तियार में हूँ भी नहीं भी हूँ
दुनिया के कारोबार में, हूँ भी नहीं भी हूँ

तेरी तलाश में ही लगा है कभी-कभी
मैं तेरे इन्तिज़ार में हूँ भी नहीं भी हूँ

फ़ेहरिस्त[1] मरने वालों की क़ातिल के पास है
मैं अपने ही मज़ार[2] में हूँ भी नहीं भी हूँ

औरों के साथ ऐसा कोई मस्अला नहीं
इक मैं ही इस दयार में हूँ भी नहीं भी हूँ

मेरे ही नाम से कोई 'हाँ' है कोई 'नहीं'
फिर भी किसी शुमार में हूँ भी नहीं भी हूँ

---

1. सूची 2. क़ब्र

55

मुट्ठी-भर लोगों के हाथों में लाखों की तक़दीरें हैं
अलग-अलग हैं धरम इलाक़े एक सी सब की ज़ंजीरें हैं

आज और कल की बात नहीं है, सदियों का इतिहास यही है
हर आँगन में ख़्वाब है लेकिन, चंद घरों में ताबीरें[1] हैं

जब भी कोई तख़्त सजा है, मेरा-तेरा ख़ून बहा है
दरबारों की शानो-शौक़त, मैदानों की शमशीरें[2] हैं

हर जंगल की एक कहानी, वो ही भेंट, वही क़ुर्बानी
गूँगी-बहरी सारी भेड़ें चरवाहों की जागीरें हैं

---

1. पूरा होना 2. तलवार

56

मैं एक गहरी ख़ामोशी हूँ आझिंझोड़ मुझे
मेरे हिसार[1] में पत्थर-सा गिर के तोड़ मुझे

बिखर सके तो बिखर जा मेरी तरह तू भी
मैं तुझको जितना समेटूँ तू उतना जोड़ मुझे

यहाँ तो तेरी शबाहत[2] का अक्स है हर सू[3]
जहाँ से साफ़ हो मंज़र वहाँ से छोड़ मुझे

मैं एक सर-फिरा बादल मेरा सफ़र पानी
उछाल कर कोई मौसम गया निचोड़ मुझे

कली बना के खिला और फूल-सा महका
महक उठूँ तो हवा पत्ती-पत्ती तोड़ मुझे

---

1. दायरा 2. एक जैसी 3. हर तरफ़

57

कुछ तबीअत ही मिली थी ऐसी, चैन से जीने की सूरत न हुई
जिसको चाहा उसे अपना न सके, जो मिला उससे मुहब्बत न हुई

जिससे जब तक मिले दिल ही से मिले, दिल जो बदला तो फसाना बदला
रस्मे दुनिया को निभाने के लिए, हमसे रिश्तों की तिजारत[1] न हुई

दूर से था वो कई चेहरों में, पास से कोई भी वैसा न लगा
बेवफाई भी उसी का था चलन, फिर किसी से ये शिकायत न हुई

छोड़ कर घर को कहीं जाने से, घर में रहने की इबादत थी बड़ी
झूठ मशहूर हुआ राजा का, सच की बाज़ार में शोहरत न हुई

वक़्त रूठा रहा बच्चे की तरह, राह में कोई खिलौना न मिला
दोस्ती की तो निभाई न गई, दुश्मनी में भी अदावत[2] न हुई

1. व्यापार 2. शत्रुता

58

कठपुतली है या जीवन है जीते जाओ सोचो मत
सोच से ही सारी उलझन है जीते जाओ सोचो मत

लिखा हुआ किरदार कहानी में ही चलता फिरता है
कभी है दूरी कभी मिलन है जीते जाओ सोचो मत

नाच सको तो नाचो जब थक जाओ तो आओ आराम करो
टेढ़ा क्यों घर का आँगन है जीते जाओ सोचो मत

हर मज़हब का एक ही कहना जैसा मालिक रक्खे रहना
जब तक साँसों का बन्धन है जीते जाओ सोचो मत

घूम रहे हैं बाज़ारों में सरमाए के आतिश दान
किस भट्टी में कौन ईंधन है जीते जाओ सोचो मत

59

काला अम्बर पीली धरती या अल्लाह
हा हा, हू हू, ही ही ही ही या अल्लाह

कारगिल और कश्मीर ही तेरे नाम हो क्यों
भाई-बहन, महबूबा बेटी - या अल्लाह

पीर पयम्बर को अब और न ज़हमत दें
चूल्हा, चक्की, रोटी, सब्जी या अल्लाह

घी-शक्कर भी भेज कभी अख़बारों में
कई दिनों से चाय है कड़वी या अल्लाह

तू ही चाँद, सितारा, बादल, हरियाली
और कभी तू नागासाकी या अल्लाह

60

किसी से ख़ुश है किसी से ख़फ़ा-ख़फ़ा-सा है
वह शहर में अभी शायद नया-नया-सा है

न जाने कितने बदन वो पहन के लेटा है
बहुत क़रीब है फिर भी छुपा-छुपा-सा है

सुलगता शहर, नदी, ख़ूँ ये कब की बातें हैं
कहीं-कहीं से यह क़िस्सा सुना-सुना-सा है

सरों के सींग तो जंगल की देन होते हैं
वह आदमी तो है लेकिन डरा-डरा-सा है

कुछ और धूप, हवा, ओस सूख जाने तक
वह पेड़ अब के बरस भी हरा-हरा-सा है

61

ख़त है कि बदलती रुत या गीतों भरा सावन
इठलाती हुई गलियाँ, शरमाते हुए आँगन

शीशे-सा धुला चौका, मोती से चुने बरतन
खिलता हुआ इक चेहरा, हँसते हुए सौ दरपन

सिमटी हुई चौखट पर कुछ धूप गिलहरी सी
नींबू की क्यारी में चाँदी के कई कंगन

बच्चों-सी हुमकती शब, गेंदों से उछलते दिन
चेहरों से धुली खुशियाँ, बालों-सी खुली उलझन

हर पेड़ कोई क़िस्सा, हर घर कोई अफ़साना
हर रास्ता पहचाना, हर चेहरे पर अपनापन

62

दुख में नीर बहा देते थे, सुख में हँसने लगते थे
सीधे-सादे लोग थे लेकिन कितने अच्छे लगते थे

नफ़रत चढ़ती आँधी जैसी, प्यार उबलते चश्मों-सा
बैरी हों या संगी-साथी, सारे अपने लगते थे

बहते पानी दुख-सुख बाँटे पेड़ बड़े-बूढ़ों जैसे
बच्चों की आहट सुनते ही खेत लहकने लगते थे

नदियाँ, पर्वत, चाँद, निगाहें, माला एक कई दाने
छोटे-छोटे से आँगन भी कोसों फैले लगते थे

63

जितनी बुरी कही जाती है उतनी बुरी नहीं है दुनिया
बच्चों के स्कूल में शायद तुमसे मिली नहीं है दुनिया

चार घरों के एक मुहल्ले के बाहर भी है आबादी
जैसी तुम्हें दिखाई दी है सब की वही नहीं है दुनिया

घर में ही मत इसे सजाओ, इधर-उधर भी लेके जाओ
यूँ लगता है जैसे तुमसे अब तक खुली नहीं है दुनिया

भाग रही है गेंद के पीछे जाग रही है चाँद के नीचे
शोर भरे काले नारों से अब तक डरी नहीं है दुनिया

64

जहाँ न तेरी महक हो उधर न जाऊँ मैं
मेरा मिज़ाज सफ़र है गुज़र न जाऊँ मैं

मेरे बदन में खुले जंगलों की मिट्टी है
मुझे सँभाल के रखना बिखर न जाऊँ मैं

मेरे दिमाग़ में बेमानी उलझनें हैं बहुत
मुझे उधर से बुलाना जिधर न जाऊँ मैं

कहीं पुकार न ले गहरी वादियों का सुकूत[1]
किसी मुक़ाम पे आकर ठहर न जाऊँ मैं

न जाने कौन-से लम्हे की बद्दुआ है ये
क़रीब घर के रहूँ और घर न जाऊँ मैं

---

1. ख़ामोशी

65

रात के बाद नए दिन की सहर आएगी
दिन नहीं बदलेंगे तारीख़ बदल जाएगी

हँसते-हँसते कभी थक जाओ तो छुप के रो लो
ये हँसी भीग के कुछ और चमक जाएगी

जगमगाती हुई सड़कों पर अकेले न फिरो
शाम आएगी किसी मोड़ पे डस जाएगी

और कुछ देर यूँ ही जंग, सियासत, मज़हब
और थक जाओ अभी नींद कहाँ आएगी

मेरी ग़ुरबत[1] को शराफ़त का अभी नाम न ले
वक़्त बदला तो तेरी राय बदल जाएगी

वक़्त नदियों को उछाले कि उड़ाए परबत
उम्र का काम गुज़रना है गुज़र जाएगी

1. ग़रीबी

66

वृन्दावन के कृष्ण कन्हैया अल्ला हू
बंसी, राधा, गीता, गय्या अल्ला हू

थोड़े तिनके, थोड़े दाने थोड़ा जल
एक ही जैसी हर गौरैया अल्ला हू

एक ही दरिया, नीला, पीला, लाल, हरा
सबकी अपनी अपनी नैया अल्ला हू

जैसा जिसका बर्तन वैसा उसका मन
घटती-बढ़ती गंगा मैया अल्ला हू

मौलवियों का सज्दा, पंडित की पूजा
मज़दूरों की हैया-हैया अल्ला हू

67

कहीं छत थी, दीवारो-दर थे कहीं मिला मुझको घर का पता देर से
दिया तो बहुत ज़िन्दगी ने मुझे मगर जो दिया वो दिया देर से

हुआ न कोई काम मामूल से गुज़ारे शबो-रोज़ कुछ इस तरह
कभी चाँद चमका ग़लत वक़्त पर कभी घर में सूरज उगा देर से

कभी रुक गए राह में बेसबब कभी वक़्त से पहले घिर आई शब
हुए बन्द दरवाज़े खुल-खुल के सब जहाँ भी गया मैं गया देर से

ये सब इत्तिफ़ाक़ात का खेल है यहीं से जुदाई, यही मेल है
मैं मुड़-मुड़ के देखा किया दूर तक बनी वो ख़ामोशी, सदा देर से

सजा दिन भी रौशन हुई रात भी भरे जाम लहराई बरसात भी
रहे साथ कुछ ऐसे हालात भी जो होना था जल्दी हुआ देर से

भटकती रही यूँ ही हर बन्दगी मिली न कहीं से कोई रौशनी
छुपा था कहीं भीड़ में आदमी हुआ मुझमें रौशन ख़ुदा देर से

68

तन्हा-तन्हा दुख झेलेंगे, महफ़िल-महफ़िल गाएँगे,
जब तक आँसू पास रहेंगे तब तक गीत सुनाएँगे

आज उन्हें हँसते देखा तो कितनी बातें याद आईं,
कुछ दिन हमने भी सोचा था उनको भूल ना पाएँगे

तुम जो सोचो वो तुम जानो, हम तो अपनी कहते हैं,
देर न करना घर जाने में वर्ना घर खो जाएँगे

बच्चों के छोटे हाथों को चाँद-सितारे छूने दो,
चार किताबें पढ़ कर ये भी हम जैसे हो जाएँगे

अच्छी सूरत वाले सारे पतथर दिल हों मुमकिन है,
हम तो उस दिन रो देंगे जिस दिन धोखा खाएंगे

किन राहों से दूर है मंज़िल कौन सा रस्ता आसाँ है,
हम भी जब थक कर बैठेंगे औरों को समझाएँगे

69

जब भी किसी निगाह ने मौसम सजाए हैं
तेरे लबों के फूल बहुत याद आए हैं

निकले थे जब सफ़र पे तो महदूद था जहाँ
तेरी तलाश ने कई आलम दिखाए हैं

रिश्तों का एतबार वफ़ाओं का इन्तिज़ार
हम भी चिराग़ लेके हवाओं में आए हैं

रस्तों के नाम वक़्त के चेहरे बदल गए
अब क्या बताएँ किसको कहाँ छोड़ आए हैं

ए शाम के फ़रिश्तों ज़रा देख के चलो
बच्चों ने साहिलों पे घरौंदे बनाए हैं

70

हँसने लगे हैं दर्द, चमकने लगे हैं ग़म
बाज़ार बन के निकले तो बिकने लगे हैं हम

नींदों के पास भी नहीं अब कोई रागिनी
सोते हैं थक के जिस्म मगर जागते हैं ग़म

अपना वुजूद ही था पहाड़ों का सिलसिला
हर रास्ता था साफ़ कहीं पेच थे न ख़म

ख़ुशहाल घर, शरीफ़ तबीयत, सभी का दोस्त
वो शख़्स था ज़्यादा मगर आदमी था कम

71

हर एक बात को चुपचाप क्यों सुना जाये
कभी तो हौसला करके नहीं कहा जाये

तुम्हारा घर भी इसी शहर के हिसार में है
लगी है आग कहाँ, क्यों? पता किया जाये

जुदा है हीर से राँझा, कई ज़मानों से
नये सिरे से कहानी को फिर लिखा जाये

कहा गया है सितारों को छूना मुश्किल है
ये कितना सच है कभी तजुर्बा किया जाये

किताबें यूँ तो बहुत सी हैं मेरे बारे में
कभी अकेले में ख़ुद को भी पढ़ लिया जाये

72

हमको कब जुड़ने दिया जब भी जुड़े बाँटा गया
रास्ते से मिलने वाला रास्ता काटा गया

कौन बतलाये सभी अल्लाह के कामों में हैं
किस तरफ़ दालें हुईं रुख़सत, किधर आटा गया

लड़ रहे हैं उसके घर की चार दीवारी पे सब
बोलिये 'रैदास[1] जी' जूता कहाँ गाँठा गया

मछलियाँ नादान हैं मुमकिन हैं खा जायें फ़रेब
फिर मछुआरे का भरे तालाब में काँटा गया

वो लुटेरा था मगर उसका मुसलमाँ नाम था
बस इस एक जुर्म पर सदियों मुझे डाँटा गया

---

1. कबीर के अहद में एक सन्त जो पेशे से चमार थे।

73

कच्चे बख़िए की तरह रिश्ते उधड़ जाते हैं
लोग मिलते हैं मगर मिल के बिछड़ जाते हैं

यूँ हुआ दूरियाँ कम करने लगे थे दोनों
रोज़ चलने से, तो रस्ते भी उखड़ जाते हैं

छाँव में रख के ही पूजा करो ये मोम के बुत
धूप में अच्छे भले नक़्श बिगड़ जाते हैं

भीड़ से कट के न बैठा करो तनहाई में
बेख़याली में कई शह्र उजड़ जाते हैं

74

ख़ुदा के ढूँढ़ने वाले ख़ुदा के आस्तानों में
इसे बेचा ख़रीदा जा रहा है अब दुकानों में

तवाज़ुन ख़ौफ़ की बुनियाद पर क़ायम है दुनिया का
खुली माचिस है पहरेदार सब बारूद ख़ानों में

बना करता था राजा ख़ून से राजा के पहले भी
विरासत की रिवायत आज भी है हुक्मरानों में

अभी तक हौसला हारे नहीं शादी ज़मीं वाले
अभी तक ख़ुदकुशी करने की हिम्मत है किसानों में

पुराने लोग भी दुनिया से कोई ख़ुश न थे लेकिन
वो अपने ख़्वाब भी लिखते थे अपनी दास्तानों में

ये जब की बात है इन्सां व फ़ितरत एक थे दोनों
ज़मीं सोते हुए भी जागती थी आसमानों में

75

दरिया हो या पहाड़ हो टकराना चाहिए
जब तक न साँस टूटे जिये जाना चाहिए

यूँ तो क़दम क़दम पे है दीवार सामने
कुछ भी न हो तो ख़ुद से उलझ जाना चाहिए

झुकती हुई नज़र हो कि सिमटा हुआ बदन
हर रस भरी घटा को बरस जाना चाहिए

चौराहे, बाग़, बिल्डिगें सब शहर तो नहीं
कुछ ऐसे वैसे लोगों से याराना चाहिए

अपनी तलाश, अपनी नज़र, अपना तजुर्बा
रस्ता हो चाहे साफ़ भटक जाना चाहिए

चुप-चुप मकान, रास्ते गुमसुम, निढाल वक़्त
इस शहर के लिए कोई दीवाना चाहिए

बिजली का कुमकुमा न हो, काला धुँआ तो हो
ये भी अगर नहीं हो तो बुझ जाना चाहिए

76

धरती बिछा, दिशायें जगा, दिन उगा के छोड़
उठ और उसके ग़म को कबूतर बना के छोड़

तर्क-ए-वफ़ा अभी नहीं, ये दिल का खेल है
कुछ और साथ रह उसे पत्थर बना के छोड़

जिसकी तलब अज़ीज़ हो उससे कभी न मिल
पानी न माँग रेत से दरिया उगा के छोड़

हर सिमूत से टटोल, हर एक ज़ाविए से देख
हीरा भी हाथ आये तो कंकर बनाके छोड़

77

धुआँ उड़ाकर चाँद बुझाना अच्छी बात नहीं
बच्चों के सपनों को चुराना अच्छी बात नहीं

जिस्मों के बाहर भी मिलना-जुलना नामुमकिन है
रस्ते में रस्ता कतराना अच्छी बात नहीं

उम्र ही कितनी मिलती है दुनिया में जीने को
इस पर चौदह साल गँवाना अच्छी बात नहीं

तेरा अपना जिया हुआ ही तेरा अपना है
औरों की बातें दोहराना अच्छी बात नहीं

कभी अकेले में ख़ुद से भी बातें करके देख
हर महफ़िल में आना-जाना अच्छी बात नहीं

तनहाई में भूली बिसरी यादें बसती हैं
सोतों को नींदों से जगाना अच्छी बात नहीं

78

न जाने कौन सा मंज़र नज़र में रहता है
तमाम उम्र मुसाफ़िर सफ़र में रहता है

लड़ाई देखे हुए दुश्मनों से मुमकिन है
मगर वो ख़ौफ़! जो दीवार-ओ-दर में रहता है

ख़ुदा तो मालिक-ओ-मुख़तार है कहीं भी रहे
कभी बशर में कभी जानवर में रहता है

अजीब दौर है ये, तय शुदा नहीं कुछ भी
ये चाँद शब में न सूरज सेहर में रहता है

जो मिलना चाहो तो मुझसे मिलो कहीं बाहर
वो कोई और है जो मेरे घर में रहता है

बदलना चाहो तो दुनिया बदल भी सकती है
अजब फ़ितूर सा हर वक़्त सर में रहता है

79

ये कैसी कशमकश है ज़िन्दगी में
किसी को ढूँढ़ते हैं हम किसी में

जो खो जाता है मिल कर ज़िन्दगी में
ग़ज़ल है नाम उसका शायरी में

निकल आते हैं आँसू हँसते-हँसते
ये किस ग़म की कसक है हर ख़ुशी में

कहीं चेहरा, कहीं आँखें, कहीं लब
हमेशा एक मिलता है कई में

चमकती है अँधेरों में ख़ामोशी
सितारे टूटते हैं रात ही में

सुलगती रेत में पानी कहाँ था
कोई बादल छुपा था तिशनगी में

बहुत मुश्किल है बंजारा मिज़ाजी
सलीक़ा चाहिए आवारगी में

80

ये शेख़-ओ-ब्राह्मण हमें अच्छे नहीं लगते
हम जितने हैं ये इतने भी सच्चे नहीं लगते

ऐसे भी गली कूचे हैं बस्ती में हमारी
बचपन में भी बच्चे जहाँ बच्चे नहीं लगते

कश्ती तो बड़ी चीज़ है, मिट्टी के घड़े भी
दरिया में उतरना हो तो कच्चे नहीं लगते

ये लड़ते-झगड़ते हुए लोगों की है दुनिया
हाथों में कटोरे हमें अच्छे नहीं लगते

ऐसा तो नहीं गुफ़्तगू होती नहीं उनसे
बातों में मगर पहले से लच्छे नहीं लगते

81

यूँ तो सब की है हमसफ़र दुनिया
सबकी होती नहीं मगर दुनिया

ये अना कम नहीं है जीने को
ख़ुद को जीता है हार कर दुनिया

जितनी क़ीमत है उतना माल नहीं
हमने छोड़ी है देख कर दुनिया

एक ही नाम एक ही चेहरा
यूँ भी होती है मुख़्तसर दुनिया

शायरी से न जी उचट जाये
देख इतना न बन सँवर दुनिया

82

यक़ीन चाँद पे सूरज में ऐतबार भी रख
मगर निगाह में थोड़ा सा इंतेज़ार भी रख

ख़ुदा के हाथ में मत सौंप सारे कामों को
बदलते वक़्त पे कुछ अपना एख़्तियार भी रख

ये ही लहू है शहादत ये ही लहू पानी
ख़िज़ाँ नसीब सही ज़ेहन में बहार भी रख

घरों के ताक़ों में गुलदस्ते यूँ नहीं सजते
जहाँ हैं फूल वहीं आस-पास ख़ार भी रख

पहाड़ गूँजें, नदी गाये ये ज़रूरी है
सफ़र कहीं का हो, दिल में किसी का प्यार भी रख

83

यूँ लग रहा है जैसे कोई आस-पास है
वो कौन है जो है भी नहीं और उदास है

मुमकिन है लिखने वाले को भी ये ख़बर न हो
क़िस्से में जो नहीं है वही बात ख़ास है

माने न माने कोई हक़ीक़त तो है ये ही
चर्ख़ा है जिसके पास उसी की कपास है

इतना भी बन सँवर के न निकला करे कोई
लगता है हर लिबास में वो बेलिबास है

छोटा बड़ा है पानी ख़ुद अपने हिसाब से
उतनी ही हर नदी है यहाँ जितनी प्यास है

84

साजन जंगल पार गये मैं चुप-चुप राह तकूँ
बछिया बैठी थान में ऊँघे किस से बात करूँ

बिन साजन कुछ भी न सुहाए बैठे रहना काम
आँगन के जामुन को बाँचूँ या दीवार पढ़ूँ

रात अँधेरी काटे खाए हवा चलाए तीर
मेरा बस हो तो मैं उनको कभी न जाने दूँ

जाने उस बिन क्या हो जाता है मेरे जी को
चौका बासन कर पाऊँ, न चक्की पीस सकूँ

दर्शन जल के प्यासे नैना, मिलन की प्यासी देह
प्यास बुझे न मेरी चाहे पूरा ताल पियूँ

आड़ी तिरछी रेखाओं से सारी पटिया लाल
कब तक बैठे-बैठे बीसे-तीसे और गिनूँ

जाने कितनी दूर है सूरज, उन के चरणों से
ऐसे में जो मुर्ग़ा बोले, लाख बलाएँ लूँ

85

शहरों में गाँव आते ही वीरान हो गये
वो धूप थी कि पेड़ों के साये भी खो गये

हमको भी याद थीं कई रंगीं कहानियाँ
पत्थर बना दिए गए ख़ामोश हो गये

पहले हमें भी नींद न आती थी घर से दूर
अब जिस जगह भी रात पड़ी थक के सो गये

घर से चले थे पूछने मौसम का हाल-चाल
झोंके हवा के बालों में चाँदी पिरो गये

86

(सद्दाम हुसैन के लिए)

उसको खो देने का एहसास तो कम बाक़ी है
जो हुआ वो न हुआ होता, ये ग़म बाक़ी है

अब न तो छत है न वो ज़ीना, न अंगूर की बेल
सिर्फ़ इक उसको भुलाने की क़सम बाक़ी है

मैंने पूछा था सबब पेड़ के गिर जाने का
उठ के माली ने कहा उसकी क़लम बाक़ी है

जंग के फ़ैसले मैदाँ में कहाँ होते हैं
जब तलक हाफ़ज़े बाक़ी हैं अलम बाक़ी है

थक के गिरता है हिरन सिर्फ़ शिकारी के लिए
जिस्म घायल है मगर आँखों में रम बाक़ी है

87

आज ज़रा फ़ुर्सत पाई थी आज उसे फिर याद किया
बन्द गली के आख़िरी घर को खोल के फिर आबाद किया

खोल के खिड़की चाँद हँसा फिर चाँद ने दोनों हाथों से
रंग उड़ाये, फूल खिलाये, चिड़ियों को आज़ाद किया

बड़े-बड़े ग़म खड़े हुए थे रस्ता रोके राहों में
छोटी-छोटी ख़ुशियों से ही हमने दिल को शाद किया

बात बहुत मामूली सी थी उलझ गयी तकरारों में
एक ज़रा सी ज़िद ने आख़िर दोनों को बर्बाद किया

दानाओं की बात न मानी काम आयी नादानी ही
सुना हवा को, पढ़ा नदी को, मौसम को उस्ताद किया

88

गिरजा में, मन्दिरों में, अज़ानों में बँट गया
होते ही सुबह आदमी ख़ानों में बँट गया

इक इश्क़ नाम का जो परिन्दा ख़ला में था
उतरा जो शहर में तो दुकानों में बँट गया

पहले तलाशा खेत, फिर दरिया की खोज की
बाक़ी का वक़्त गेहूँ के दानों में बँट गया

जब तक था आसमान में सूरज सभी का था
फिर यूँ हुआ वो चन्द मकानों में बँट गया

हैं ताक में शिकारी, निशाना हैं बस्तियाँ
आलम तमाम चन्द मचानों में बँट गया

ख़बरों ने की मुसव्वरी, ख़बरें ग़ज़ल बनीं
ज़िन्दा लहू तो तीर कमानों में बँट गया

89

तमाम उम्र मुझे जिसका इन्तेज़ार रहा
वो मुझसे मिलने को मुझमें ही बेक़रार रहा

ख़ुदा से जोड़ा गया उसका बाद में रिश्ता
वो जीते जी तो ज़मीं पर गुनहगार रहा

बुरा हुआ कि शनासाई हो गयी ख़ुद से
फिर उसके बाद किसी पर न ऐतबार रहा

हँसा रही थीं मेरी कामयाबियाँ मुझको
वो कौन था जो बिना रोए अश्कबार रहा

बदलते वक़्त ने गुम कर दीं सारी पहचानें
वो अपनी शक्ल के पत्थर में शाहकार रहा

90

पिया नहीं जब गाँव में
आग लगे सब गाँव में

लिखने वाले आगे लिख
लौटोगे कब गाँव में

कितनी मीठी थी इमली
साजन थे जब गाँव में

सच कह गुइयाँ और कहाँ
उन जैसी छब गाँव में

उनके जाने की तारीख़
दंगल था जब गाँव में

देख सहेली धीमे बोल
बैरी हैं सब गाँव में

कितनी लम्बी लगती है
पगडंडी अब गाँव में

मन का सौदा मन के मोल
कैसा मज़हब गाँव में

91

जब भी किसी ने ख़ुद को सदा दी
सन्नाटों में आग लगा दी

मिट्टी उसकी, पानी उसका
जैसी चाही शक्ल बना दी

छोटा लगता था अफ़साना
मैंने तेरी बात बढ़ा दी

जब भी सोचा उसका चेहरा
अपनी ही तस्वीर बना दी

तुझको, तुझमें ढूँढ के हमने
दुनिया तेरी शान बढ़ा दी

92

जो हो इक बार वो हर बार हो ऐसा नहीं होता
हमेशा एक ही से प्यार हो ऐसा नहीं होता

हर इक कश्ती का अपना तजुर्बा होता है दरिया में
सफ़र में रोज़ ही मँझधार हो ऐसा नहीं होता

कहानी में तो किरदारों को जो चाहे बना दीजिए
हक़ीक़त भी कहानीकार हो ऐसा नहीं होता

कहीं तो कोई होगा जिसको अपनी भी ज़रूरत हो
हर इक बाज़ी में दिल की हार हो ऐसा नहीं होता

सिखा देती हैं चलना ठोकरें भी राहगीरों को
कोई रस्ता सदा दुश्वार हो ऐसा नहीं होता

93

झूठ को झूठ कहा सच को ही सच बोला है
उसको समझाइये वो शख़्स बहुत भोला है

भूखे नंगे तो बहुत से हैं यहाँ बस्ती में
जुर्म उसका तो किताबों से भरा झोला है

अपना हक़ माँगने वालों से सभी ख़ाएफ़ हैं
चंद बेकारों का सुनते हैं कहीं टोला है

पहले जैसा ही था अब भी तेरी मेहनत का अनाज
तूने क्यों अपने तराजू में उसे तोला है

बन्द दरवाज़ों से बाहर नहीं आते जंगल
तू ही कर बन्द उन्हें तूने जिन्हें खोला है

94

बदला-बदला था हर मंज़र शहर का नक़्शा भूल गया
याद रहा वो लेकिन उसका चेहरा मोहरा भूल गया

बना-बना के बादल, सूरज उड़ा रहा है पानी को
सागर तक जाने का रस्ता बहता दरिया भूल गया

जंगल से महफ़ूज़ था पिंजरा, लेकिन उसी हिफ़ाज़त में
खुली फ़िज़ा का एक परिन्दा परों से उड़ना भूल गया

आदमज़ाद फ़रिश्ता बन कर चमका दूर सितारे सा
मगर ज़मीं पर बहन की चूड़ी, माँ का चश्मा भूल गया

तनहा-तनहा भटक रहा है अनजानी सी राहों में
शायद अपने साथ वो अपने शहर को लाना भूल गया

95

वही हमेशा का आलम है क्या किया जाये
जहाँ से देखिये कुछ कम है क्या किया जाये

गुज़रते वक़्त ने धुँधला दिये सभी चेहरे
ख़ुशी ख़ुशी है, न ग़म ग़म है क्या किया जाये

भटक रहा हूँ लिए तिशनगी समुन्दर की
मगर नसीब में शबनम है क्या किया जाये

मिली है ज़ख़्मों की सौग़ात जिसकी महफ़िल से
उसी के हाथ में मरहम है क्या किया जाये

वो एक शख़्स जो कल तक था दूसरों से ख़फ़ा
अब अपने आपसे बरहम है क्या किया जाये

96

वक़्त बंजारा सिफ़त लम्हा-ब-लम्हा अपना
किसको मालूम! यहाँ कौन है कितना अपना

जो भी चाहे वो बना ले उसे अपने जैसा
किसी आईने का होता नहीं चेहरा अपना

ख़ुद से मिलने का चलन आम नहीं है वर्ना
अपने अन्दर ही छुपा होता है रस्ता अपना

यूँ भी होता है वो ख़ूबी जो है हमसे मंसूब
उसके होने में नहीं होता इरादा अपना

ख़त के आख़िर में सभी यूँ ही रक़म करते हैं
उसने रसमन ही लिखा होगा तुम्हारा अपना

97

ज़मीन दी है तो थोड़ा सा आसमान भी दे
मेरे खुदा मेरे होने का कुछ गुमान भी दे

बना के बुत मुझे बीनाई का अज़ाब न दे
यही अज़ाब है क़िस्मत तो फिर ज़बान भी दे

ये कायनात का फैलाव तो बहुत कम है
जहाँ समा सके तनहाई वो मकान भी दे

मैं अपने आपसे कब तक किया करूँ बातें
मेरी ज़बाँ को कभी कोई तर्जुमान भी दे

फ़लक को चाँद सितारे नवाज़ने वाले
मुझे चिराग़ जलाने को सायबान भी दे

98

ज़मीन पैरों तले सर पे आसमाँ क्यों है
जहाँ-जहाँ जो रखा है वहाँ-वहाँ क्यों है

यहाँ तो बर्फ़ गिरा करती थी पहाड़ों से
हमारे शहर का मौसम धुआँ-धुआँ क्यों है

कभी मिला जो ख़ुदा तो ज़रूर पूछूँगा
कई मकानों के होते वो बे-मकाँ क्यों है

तमाशा देखने वाले तो हैं बहुत लेकिन
जिसे ज़बान मिली है वो बेज़बाँ क्यों है

यज़ीद घूम रहा है यहीं कहीं शायद
नजफ़ की आब-ओ-हवा फिर से नौहाख़्वाँ क्यों है

99

एक ही धरती हम सबका घर जितना तेरा उतना मेरा
दुख सुख का ये जन्तर मन्तर जितना तेरा उतना मेरा

गेहूँ चावल बाँटने वाले, झूठा तौलें तो क्या बोलें
यूँ तो सब कुछ अन्दर बाहर जितना तेरा उतना मेरा

हर जीवन की वही विरासत, आँसू, सपना, चाहत, मेहनत
साँसों का हर बोझ बराबर, जितना तेरा उतना मेरा

साँसें जितनी, मौजें उतनी, सबकी अपनी-अपनी गिनती
सदियों का इतिहास समुन्दर, जितना तेरा उतना मेरा

ख़ुशियों के बँटवारे तक ही ऊँचे नीचे आगे पीछे
दुनिया के मिट जाने का डर, जितना तेरा उतना मेरा

100

चंचल हुई हवायें तो पानी मचल गया
पर्वत को चीरता हुआ दरिया निकल गया

रस्ते में कोई कार, न औरत न बिल्डिगें
दो घूँट थी शराब मगर जी बहल गया

रंगों के इम्तेज़ाज में पोशीदा आग थी
देखा था मैंने छू के मेरा हाथ जल गया

अक्सर पहाड़ सर पे गिरे और चुप रहे
यूँ ही हुआ कि पत्ता हिला, दिल दहल गया

पहचानते तो होगे निदा फ़ाज़ली को तुम
सूरज को खेल समझा था छूते ही जल गया

101

चाहतें मौसमी परिन्दें हैं, रुत बदलते ही लौट जाते हैं
घोंसले बन के टूट जाते हैं, दाग़ शाख़ों पे चहचहाते हैं

आने वाले बयाज़ में अपनी, जाने वालों के नाम लिखते हैं
सब ही औरों के ख़ाली कमरों को, अपनी-अपनी तरह सजाते हैं

मौत एक वाहमा है नज़रों का, साथ छूटता कहाँ है अपनों का
जो ज़मीं पर नज़र नहीं आते, चाँद सितारों में जगमगाते हैं

ये मुसव्विर अजीब होते हैं, आप अपने हबीब होते हैं
दूसरों की शबाहतें लेकर, अपनी तस्वीर ही बनाते हैं

यूँ ही चलता है कारोबारे जहाँ, है ज़रूरी हर एक चीज़ यहाँ
जिन दरख़्तों में फल नहीं आते वो जलाने के काम आते हैं

102

कोई हिन्दू कोई मुस्लिम कोई ईसाई है
सबने इंसान न बनने की क़सम खाई है

इतनी ख़ूँख्वार न थीं पहले इबादतगाहें
ये अक़ीदें हैं या इंसान की तन्हाई है

तीन चौथाई से ज़्यादा है जो आबादी में
उनके ही वास्ते हर भूख है महँगाई है

सिर्फ़ मन्सूबों में मौसम के बदलते हैं मिज़ाज
सिर्फ़ तकरीरें बताती हैं बहार आई है

अब नज़र आता नहीं कुछ भी दुकानों के सिवा
आज हर आँख तमाशे में तमाशाई है

103

ये कैसी धूप-छाँव सी तन्हाइयों में है
जो पास है वो दूर की परछाइयों में है

आते नहीं उतर के सितारे ज़मीन पर
जितनी चमक-दमक है वो ऊँचाइयों में है

जंगल में इक कुएँ ने मेरी प्यास से कहा
पानी जहाँ कहीं भी है गहराइयों में है

रफ़्तार की थकान को जो चाहे नाम दो
राहे-सफ़र तो राह की लम्बाइयों में है

कब कौन किस तरह से मिले कुछ पता नहीं
यूँ तो तमाम शहर शनासाइयों में है

मरने के बाद लाश कभी बोलती नहीं
ख़ुद भी तमाशेवाला तमाशाइयों में है

104

एक-सा रहता नहीं वक़्त हमेशा सबका
कल हवेली थी जहाँ आज है रस्ता सबका

आसमाँ देखते रहते हैं नजूमी[1] यूँ ही
अपने अन्दर ही चमकता है सितारा सबका

चाँद-सूरज भी लिखा करते हैं लहरों का हिसाब
एक रफ़्तार से बहता नहीं दरिया सबका

घर से बाहर नहीं होती किसी दुश्मन की तलाश
अपने ही आप से टकराता है गुस्सा सबका

बस्तियों में कहाँ गुंजाइशें जंगल जैसी
ये इलाक़ा था कभी पहले बसेरा सबका

1. ज्योतिषी

ग़ज़लें

क्लासिक शायरों के छन्दों में उर्दू में ग़ज़ल कहने की पुरानी परम्परा है। मैंने 13-14वीं सदी के अमीर खुसरो से बीसवीं सदी के दुआ डिबाइवी तक की ग़ज़लों पर ग़ज़लें लिखी हैं। ये अतीत के पैमानों में आधुनिक समय बोध की पहचान के समान है। बदलते समय के स्वभाव को इन ग़ज़लों की शब्दावली, शिल्प और कथ्य में देखा जा सकता है। मेरे ख़याल से वर्तमान को जानने के लिए अतीत का सही बोध आवश्यक है।

105

बहम मिल बैठते हैं जब सआदत यार खाँ और हम

इन्शा (देहान्त 1817)

हुए सबके जहाँ में एक जब अपना जहाँ और हम
मुसलसल लड़ते रहते हैं ज़मीनों-आसमाँ और हम

कभी आकाश के तारे ज़मीं पर बोलते भी थे
कभी ऐसा भी जब साथ थीं तन्हाइयाँ और हम

सभी एक दूसरे के दुख में सुख में रोते-हँसते थे
कभी थे एक घर के चाँद सूरज नदियाँ और हम

मुअर्रिख़[1] की कलम के चन्द लफ़्ज़ों सी है ये दुनिया
बदलती है हरेक युग में हमारी दास्ताँ और हम

दरख़्तों को हरा रखने के जिम्मेदार थे दोनों
जो सच पूछो बराबर के हैं मुजरिम बाग़बाँ और हम

1. इतिहासकार

106

हर कदम पर यहाँ डरो साहब

हुसैन अली तास्सुफ़ (आतश और नासिख़ के समकालीन)

मौलवी जो कहे सुनो साहब
अपना सोचा हुआ जियो साहब

अरबी आयतें मुकद्दस हैं
इनको उर्दू में भी पढ़ो साहब

माँ की तस्वीर, बाप की तहरीर
अपनी मीरास में लिखो साहब

दाये-बाये शरीर गलियाँ है
देख कर रास्ता चलो साहब

कोई चेहरा था सारा शह्र कभी
अब है वो किसका घर लिखो साहब

देवता पत्थरों में सोते हैं
तुम तो शिकवा गिला करो साहब

107

दिल पाके उसी ज़ुल्फ़ में आराम रह गया

कायम चाँदपुरी (1722-1793)

कोशिश के बावजूद ये इल्ज़ाम रह गया
हर काम में हमेशा कोई काम रह गया

छोटी थी उम्र और फ़साना तवील था
आग़ाज़ ही लिख गया अंजाम रह गया

उठ-उठ के मस्जिदों से नमाज़ी चले गये
दहशत गरों के हाथ में इस्लाम रह गया

उसका कुसूर ये था बहुत सोचता था वो
वो कामयाब होके भी नाकाम रह गया

अब क्या बताएँ कौन था क्या था वो एक शख़्स
गिनती के चार हर्फ़ों का जो नाम रह गया

108

सुनता नहीं कसू ही की वो यार देखना

जहाँदारशाह* (1752-1788)

दो-चार गाम राह को हमवार देखना
फिर हर क़दम पे इक नयी दीवार देखना

आँखों की रौशनी से है हर संग आईना
हर आईने में ख़ुद को गुनहगार देखना

हर आदमी में होते हैं दस-बीस आदमी
जिसको भी देखना हो कई बार देखना

मैदाँ की हार-जीत तो किस्मत की बात है
टूटी है किसके हाथ में तलवार देखना

दरिया के उस किनारे सितारे भी फूल भी
दरिया चढ़ा हुआ हो तो उस पार देखना

अच्छी नहीं शहर के रस्तों से दोस्ती
आँगन में फैल जाए न बाज़ार देखना

---

*मुगल बादशाह शाह आलम सानी के बेटे थे। शायरी के अलावा संगीत में भी दिलचस्पी रखते थे।

109

गुले तर को हवसे ख़ार न होने पाए

शिब्ली* नौमानी (1857)

दूसरों के लिए आज़ार न होने पाए
आदमी इतना भी ख़ुद्दार न होने पाए

ज़िन्दगी जैसी है वैसी ही नज़र आने लगे
इस क़दर भी कोई हुशियार न होने पाए

किसी मूरत किसी कुदरत की ज़रूरत है यहाँ
मुफ़लिसी ख़ुद से ही बेज़ार न होने पाए

हर अदालत उसी मुजरिम को बरी करती है
जुर्म करके जो गुनहगार न होने पाए

कहीं उड़ने दो परिन्दे कहीं उगने दो दरख़्त
हर जगह एक-सा बाज़ार न होने पाए

उसके होने की हैं तावीलें[1] सभी की अपनी
किसी तकरार में इनकार न होने पाए

---

*शिब्ली हाली, आज़ाद और सर सैयद के समकालीन और कई अमूल्य पुस्तकों के लेखक थे। वो शाइर होने के साथ बड़े आलोचक और इतिहासकार भी थे।

---

1. व्याख्या

110

ऐसा आसाँ तो नहीं दिल का लगाना साहब

मीर मेहदी मजरूह (गालिब के शिष्य थे)

ढूँढिये फिर कोई जीने का बहाना साहब
लौट के आता नहीं गुजरा ज़माना साहब

ज़िन्दगी से बड़ी होती नहीं कोई लैला
क़ैस के दौर में आशिक़ था पुराना साहब

घर के आँगन में ही बरगद भी है आईना भी
ख़ुद से मिलने को कहीं दूर न जाना साहब

धूप तो धूप है फिर उसकी शिकायत कैसी
अबकी बरसात में कुछ पेड़ उगाना साहब

बादबाँ बाँध के कश्ती को किनारे पे रखो
इक न इक रोज़ तो होना है रवाना साहब

हमारी बस्तियों के क़िस्सागो गुम हो गये शायद
ज़मीं पर अब फ़लक से कोई अफ़साना नहीं आता

111

हमन है इश्क़ मस्ताना हमन को होशियारी क्या

कबीरदास (1440-1518)

ये दिल कुटिया है सन्तों की यहाँ राजा भिखारी क्या
वो हर दीदार में ज़रदार है गोटा किनारी क्या

सभी के सामने इक आईना है अपनी सूरत का
उसी सूरत की सबको जुस्तजू है यारा यारी क्या

उसी के चलने फिरने हँसने-रोने की हैं तस्वीरें
घटा क्या, चाँद क्या, संगीत क्या बादे बहारी क्या

ये काटे से नहीं कटते ये बाँटे से नहीं बँटते
नदी के पानियों के सामने आरी कटारी क्या

किसी घर के, किसी बुझते हुए चूल्हे में ढूँढ उसको
जो चोटी और दाढ़ी में रहे वो दीनदारी क्या

हमारा मीर[1] जी से मुत्तफिक़ होना है नामुमकिन
उठाना है जो पत्थर इश्क का तो हल्का भारी क्या

---

1. मीर का शेर

मीर ये इश्क भारी पत्थर है
कब ये मुझ नातवाँ से उठता है

112

तुझ हुस्न सूँ उरूस बनी सब जहान क्या

मुल्ला नुसरती* (देहान्त 1674)

यूँ घूरता है बैठा हुआ आसमान क्या
वो एक ही मकान है सारा जहान क्या

जिसको भी देखिये वो सनदयाफ़्ता है आज
अब मक्तबों में होते नहीं इम्तहान क्या

आँगन में पेड़ हैं न परिन्दे हैं आस-पास
तक़्सीम हो गया है मेरा ख़ानदान क्या

पहली सी वो ज़मीन न वो आसमान है
मेरे लिये उदास है सारा जहान क्या

तस्वीर जैसे बोलते कूचे वो क्या हुए
दिल्ली से 'मीर' ले गये अपनी ज़बान क्या

*बेगापुर के बादशाह के दरबारी शाइर थे।

113

दिले नादाँ तुझे हुआ क्या है

ग़ालिब (1796-1869)

ये न पूछो कि वाक़िया क्या है
किस की नज़रों का ज़ाविया क्या है

सब हैं मसरूफ कौन बतलाए
आदमी का अता-पता क्या है

चलता-फिरता है कारवाने हयात
इब्तिदा क्या है इन्तेहा क्या है

जो किताबों में है वो सबका है
तू बता तेरा तजुर्बा क्या है

कौन रुख़सत हुआ ख़ुदाई से
हर तरफ़ ये ख़ुदा-ख़ुदा क्या है

114

कहते हैं सोज़-सोज़ जो यूँ ही सदा जला करो

मीर सोज (1720-1799)

अच्छी नहीं ये ख़ामुशी शिकवा करो गिला करो
यूँ भी न कर सको तो फिर घर में ख़ुदा-ख़ुदा करो

शोहरत भी उसके हाथ है दौलत भी उसके हाथ है
ख़ुद से भी वो मिले कभी उसके लिए दुआ करो

देखो ये शह्र है अजब दिल भी नहीं है कम ग़ज़ब
शाम को घर जो आऊँ मैं थोड़ा-सा सज लिया करो

दिल में जिसे बसाओ तुम चाँद उसे बनाओ तुम
वो जो कहे पढ़ा करो जो न कहे सुना करो

मेरी नशिस्त पे भी कल आयेगा कोई दूसरा
तुम भी बना के रास्ता मेरे लिये जगह करो

115

जिसको कसू ने सब्ज़ ने देखा बहार में

मीर सोज (1720–1799)

आयेगा कोई चल के ख़िजाँ से बहार में
सदियाँ गुज़र गयी हैं इसी इन्तिज़ार में

छिड़ते ही साज़ बज़्म में कोई न था कहीं
वो कौन था जो बोल रहा था सितार में

ये और बात है कोई महके कोई चुभे
गुलशन तो जितना गुल में है उतना है ख़ार में

अपनी तरह से दुनिया बदलने के वास्ते
मेरा ही एक घर है मेरे अख़्तियार में

तश्नालबी ने रेत को दरिया बना दिया
पानी कहाँ था वर्ना किसी रेगज़ार में

मसरूफ़ गोरकन को ये शायद पता नहीं
वो ख़ुद खड़ा हुआ है क़ज़ा की क़तार में

116

ये राम कहानी है न आराम कहानी

काजी मुहम्मद बहरी* (देहान्त 1717)

फिर गोया हुई शाम परिन्दों की ज़बानी
आओ सुनें मिट्टी से ही मिट्टी की कहानी

वाक़िफ नहीं अब कोई समन्दर की ज़बाँ से
सदियों की मुसाफ़त को सुनाए तो पानी

उतरे कोई महताब कि कश्ती हो तहेआब
दरिया में बदलती नहीं दरिया की रवानी

कहता है कोई कुछ तो समझता है कोई कुछ
लफ़्ज़ों से जुदा हो गये लफ़्ज़ के मआनी

इस बार तो दोनों थे नई राहों के राही
कुछ दूर ही हमराह चलीं यादें पुरानी

मेहमान कभी ऐसा भी आ जाता है घर में
कुछ दिन को नयी लगती है, हर चीज़ पुरानी

*बहरी औरंगज़ेब के युग में, वली दक्कनी के समकालीन थे।

117

जिसे इश्क़ का तीर कारी लगे

वली दक्कनी (1668-1744)

(बेटी के लिए)

जिसे देखते ही ख़ुमारी लगे
उसे उम्र सारी हमारी लगे

उजाला सा है उसके चारों तरफ़
वो नाज़ुक बदन पाँव भारी लगे

वो ससुराल से आई है मायके
उसे जितना देखो, वो प्यारी लगे

हसीं सूरतें और भी हैं मगर
वो सब सैकड़ों में हज़ारी लगे

उसे देखना शेरगोई का फ़न
उसे सोचना दीनदारी लगे

चलो इस तरह से सजाएँ इसे
ये दुनिया हमारी तुम्हारी लगे

118

इस्लाम छोड़ कुफ़्र लिया फिर किसी को क्यों

नजीर अकबराबादी (देहान्त 1830)

जो भी किया, किया न किया फिर किसी को क्या
ग़ालिब उधार ले के जिया फिर किसी को क्या

दरिया के पार कुछ नहीं लिक्खा हुआ तो था
दरिया को फिर भी पार किया फिर किसी को क्या

उसके कई ठिकाने थे लेकिन जहाँ था मैं
उसको वहीं तलाश किया फिर किसी को क्या

होगा तो देवता मेरे घर में तो साँप था
ख़तरा लगा तो मार दिया फिर किसी को क्या

अल्ला अरब में, फ़ारसी वालों में वो ख़ुदा
मैंने जो माँ का नाम लिया फिर किसी को क्या

119

जाना जान जल्दी क्या है इन बातों को जाने दो

रिन्द (1797–1857)

जैसी जिसे दिखे ये दुनिया वैसी उसे दिखाने दो
अपनी अपनी नज़र है सबकी क्या सच है ये जाने दो

हर पैमाइश[1] रफ़्तारों से घटती-बढ़ती रहती है
मुझको भी अपने पैरों से थोड़ा चल कर आने दो

फूलों को ऐसे मत तोड़ो मौसम पर भी कुछ छोड़ो
शाख़ों पर खिलने वालों को शाख़ों पर मुर्झाने दो

वक़्त से कह दो अभी न बोले क्या होना है क्या होगा
जिनके पास है घर का नक़्शा उनको घर बनवाने दो

लहर-लहर पर लिखा हुआ है आज भी कल भी परसों भी
दरिया को पढ़ना चाहो तो सूरज को ढल जाने दो

---

1. नाप

120

ठानी थी दिल में अब न मिलेंगे किसी से हम

मोमिन ख़ाँ मोमिन (1800–1851)

जब से करीब होके चले ज़िन्दगी से हम
ख़ुद अपने आईने को लगे अजनबी से हम

कुछ दूर चल के रास्ते सब एक से लगे
मिलने गये किसी से मिल आये किसी से हम

अच्छे-बुरे के फ़र्क ने बस्ती उजाड़ दी
मजबूर हो के मिलने लगे हर किसी से हम

शाइस्ता महफ़िलों की फ़ज़ाओं में ज़हर था
ज़िन्दा बचे हैं ज़ेहन की आवारगी से हम

अच्छी भली थी दुनिया गुज़ारे के वास्ते
उलझे हुए अपनी ही ख़ुदआगही[1] से हम

जंगल में दूर तक कोई दुश्मन न कोई दोस्त
मानूस हो चले हैं मगर बम्बई से हम

1. आत्म ज्ञान

121

मुब्तिलाए ग़मो जफ़ा मत कर

मुहम्मद ख़ाँ फाइज़ (1690-1738)

जो भला है उसे बुरा मत कर
ख़ुद से भी बारहा मिला मत कर

ये है बस्ती उदास लोगों की
क़हक़हा मार कर हँसा मत कर

बाग़ है दिल फ़रेब दोनों से
फूल को ख़ार से जुदा मत कर

रोज़ की लान-तान ठीक नहीं
घर में आईने को रखा मत कर

चेहरा-मोहरा बदलता रहता है
इतना जल्दी भी फ़ैसला मत कर

122

ये शीशा नहीं चोट खाने के क़ाबिल

शाद लखनवी (1805-1899)

बनाया था ख़ुद को ज़माने के क़ाबिल
मगर क्या ज़माना था पाने के क़ाबिल

मुकम्मल हुई दास्ताँ तो ये जाना
बहुत कुछ है इसमें भुलाने के क़ाबिल

हमेशा तो दिल में रहेगा न कोई
ज़मीं ढूँडिये घर बसाने के क़ाबिल

मुहब्बत नज़र बाँध देती है वर्ना
हसीं थे बहुत दिल लगाने के क़ाबिल

हँसी आज आती है उन हादिसों पर
जो कल तक थे रोने रुलाने के क़ाबिल

चलो बुत किसी का यहाँ नस्ब कर दें
ये रस्ता नहीं आने जाने के क़ाबिल

–

(शाद का एक शे'र फिल्म में आकर काफ़ी लोकप्रिय हुआ था)

न तड़पने की इजाज़त है न फ़रियाद की है
घुट के मर जाऊँ ये मर्ज़ी मेरे सैयाद की है

123

निरा बुरा नहीं ये मशग़ला भी है

इनामुल्ला ख़ाँ यक़ीन (1726–1755)

वो ख़ुश लिबास भी ख़ुश दिल भी ख़ुश अदा भी है
मगर वो एक है क्यों उससे ये गिला भी है

हमेशा मन्दिरो-मस्जिद में वो नहीं रहता
सुना है बच्चों में छुप कर वो खेलता भी है

न जाने एक में उस जैसे और हैं कितने
वो जितना पास है उतना ही वो जुदा भी है

वही अमीर जो रोज़ी रसाँ है आलम का
फ़क़ीर बन के कभी भीख माँगता भी है

अकेला होता तो कुछ और फ़ैसला होता
मेरी शिकस्त में शामिल मेरी दुआ भी है

124

जिसने कदम उठाया उसने निशाँ बनाया

सौदा (1713–1781)

छे दिन लगा के उसने सारा जहाँ बनाया
तुम जैसा और कोई फिर भी कहाँ बनाया

दोनों का वक़्त है अब तारीख़ की इबारत
इसने शजर उगाए उसने धुआँ बनाया

जंगल, पहाड़, दरिया उसकी करम नवाज़ी
इनको घटा-बढ़ा कर हमने जहाँ बनाया

गौतम ने छोड़ा सबको मैंनें भी ढूँढा रब को
उसने बसाया जंगल, मैंने मकां बनाया

अल्फ़ाज़ तो लुग़त में मीरास थे सभी की
मेरी ग़ज़ल ने इनको मेरी ज़बाँ बनाया

सूरज बुझा तो मैंने रौशन किया दिये को
आँधी थमी तो मैंने फिर आशियाँ बनाया

ज़िन्दगी कुछ तो बता आखिर तुझे क्या हो गया
आईना धुँधला गया या मेरा चेहरा खो गया था

125

दिल है तो दिल के वास्ते दिलबर तलाश कर

दुआ डिबाइवी (1914–1992)

नज़दीकियों से दूर का मंज़र तलाश कर
जो हाथ में नहीं है वो पत्थर तलाश कर

कोशिश भी कर उम्मीद भी रख रास्ता भी चुन
फिर उसके बाद थोड़ा मुक़द्दर तलाश कर

तारीख़ में महल भी है हाकिम भी तख़्त भी
गुमनाम जो हुए हैं वो लश्कर तलाश कर

सूरज के आस-पास भटकने से फायदा
दरिया हुआ है गुम तो समन्दर तलाश कर

उसका ही अक्स तो नहीं दुश्मन के हाथ में
तुझमें छुपा न हो कोई खंजर तलाश कर

रहता नहीं है कुछ भी सदा एक सा यहाँ
दरवाज़ा घर का खोल ले फिर घर तलाश कर

नज़्में

बेसन की सोंधी रोटी

बेसन की सोंधी रोटी पर
खट्टी चटनी-जैसी माँ
याद आती है चौका-बरतन
चिमटा, फुकनी-जैसी माँ

बान की खुर्री खाट के ऊपर
हर आहट पर कान धरे
आधी सोयी आधी जागी
थकी दुपहरी-जैसी माँ

चिड़ियों की चहकार में गूँजे
राधा-मोहन, अली-अली
मुर्ग़े की आवाज़ से खुलती
घर की कुण्डी-जैसी माँ

बीवी, बेटी, बहन, पड़ोसन
थोड़ी-थोड़ी-सी सब में
दिन भर इक रस्सी के ऊपर
चलती नटनी-जैसी माँ

बाँट के अपना चेहरा, माथा
आँखें जाने कहाँ गयीं
फटे पुराने इक अलबम में
चंचल लड़की-जैसी माँ

हम्द*

नील गगन पर बैठे
कब तक
चाँद सितारों से झाँकोगे

पर्वत की ऊँची चोटी से
कब तक
दुनिया को देखोगे

आदर्शों के बन्द ग्रन्थों में
कब तक
आराम करोगे

मेरा छप्पर
टपक रहा है
बनकर सूरज
इसे सुखाओ

ख़ाली है
आटे का कनस्तर
बनकर गेहूँ

---
*ईश्वर की स्तुति

इसमें आओ
माँ का चश्मा
टूट गया है
बनकर शीशा
इसे बनाओ

चुप-चुप हैं आँगन में बच्चे
बनकर गेंद
इन्हें बहलाओ

शाम हुई है चाँद उगाओ
पेड़ हिलाओ
हवा चलाओ

काम बहुत हैं
हाथ बटाओ
अल्लाह मियाँ
मेरे घर भी आ ही जाओ
अल्लाह मियाँ...!

इंतक़ाम*

मस्जिदों मंदिरों की दुनिया में
मुझको पहचानते कहाँ हैं लोग

रोज़ मैं चाँद बन के आता हूँ
दिन में सूरज सा जगमगाता हूँ
खनखनाता हूँ माँ के गहनों में
हँसता रहता हूँ छुप के बहनों में

मैं ही!
मज़दूर के पसीने में
मैं ही!
बरसात के महीने में

मेरी तस्वीर आँख का आँसू
मेरी तहरीर
जिस्म का जादू
मस्जिदों मंदिरों की दुनिया में
मुझको पहचानते नहीं जब लोग

मैं ज़मीनों को बेज़िया करके
आस्मानों में लौट जाता हूँ
मैं ख़ुदा बन के
क़हर ढाता हूँ

---

*प्रतिशोध

कच्ची दीवारें

मेरी माँ
हर दिन अपने बूढ़े हाथों से
इधर-उधर की मिट्टी ला कर
घर की कच्ची दीवारों के ज़ख़्मों को भरती रहती है
तेज़ हवाओं के झोंकों से
बेचारी कितना डरती है
मेरी माँ कितनी भोली है
बरसों की सीली दीवारें
छोटे-मोटे पैबन्दों से
आख़िर कब तक रुक पायेंगी
जब कोई बादल
गरजेगा
हर-हर करती ढह जायेंगी

मैं जीवन हूँ

वो जो
फटे-पुराने जूते गाँठ रहा है
वो भी मैं हूँ

वो जो घर-घर
धूप की चाँदी बाँट रहा है
वो भी मैं हूँ

वो जो
उड़ते परों से अम्बर पाट रहा है
वो भी मैं हूँ

वो जो
हरी-भरी आँखों को काट रहा है
वो भी मैं हूँ

सूरज-चाँद
निगाहें मेरी
साल-महीने राहें मेरी
कल भी मुझमें
आज भी मुझमें
चारों ओर दिशाएँ मेरी

अपने-अपने
आकारों में
जो भी चाहे भर ले मुझको

जिसमें जितना समा सकूँ मैं
उतना
अपना कर ले मुझको

हर चेहरा है मेरा चेहरा
बेचेहरा इक दर्पण हूँ मैं
मिट्टी हूँ मैं
जीवन हूँ मैं

क़ौमी यकजहती*

वो तवायफ़
कई मर्दों को पहचानती है
शायद इसीलिये
दुनिया को ज़्यादा जानती है
उसके कमरे में
हर मज़हब के भगवान की एक-एक तस्वीर लटकी है
ये तस्वीरें
लीडरों की तक़रीरों[1] की तरह नुमाइशी नहीं
उसका दरवाज़ा
रात गए तक
हिन्दू
मुस्लिम
सिक्ख
ईसाई
हर ज़ात के आदमी के लिये खुला रहता है
ख़ुदा जाने
उसके कमरे की-सी कुशादगी[2]
मस्जिद और मंदिर के आँगनों में कब पैदा होगी

*राष्ट्रीय एकता, 1. भाषण 2. विस्तार, खुलापन

हैरत है

घास पर खेलता है इक बच्चा
पास माँ बैठी मुस्कुराती है
मुझ को हैरत है जाने क्यों दुनिया
काब-ओ सोमनाथ जाती है

नाराज़ आदमी

उसने
समुन्दर को अपनी बाँहों में समेटना चाहा
समुन्दर!
उसकी बाँहों में नहीं समा पाया
उसने नाराज़ होकर
समुन्दर से मुँह मोड़ लिया

उसने
आसमान को छूना चाहा
आसमान!
अपनी ऊँचाई से नीचे नहीं आया
उसने नाराज़ होकर
आसमान से रिश्ता तोड़ लिया

उसने दुनिया को जीतना चाहा
दुनिया ने
उसे ताज नहीं पहनाया
उसने नाराज़ होकर
दुनिया का साथ छोड़ दिया
फिर वो

समुन्दर, आसमान और दुनिया में
किसी का नहीं था
लेकिन उसे ये जान कर दुख हुआ
कि उसके बग़ैर भी
समुन्दर यूँ ही मचलता रहा
आसमान यूँ ही रंग बदलता रहा
दुनिया का कारोबार
यूँ ही चलता रहा

हम रुत्बा

जब मैं छोटा था
मैं दुनिया से बड़ा था
दुनिया मुझसे छोटी थी

कभी वो गुड़िया
कभी वो चिड़िया
कभी वो तितली थी

जब मैं बड़ा हुआ
मैं दुनिया से छोटा
दुनिया मुझसे ऊँची थी

कभी वो पर्वत
कभी वो अम्बर
कभी वो सपना थी

जब मैं नहीं रहा
मैं दुनिया से बड़ा
न दुनिया मुझसे छोटी है
मैं हूँ दुनिया जैसा
दुनिया मेरे जैसी है

कैमरे के सामने

वाह क्या बात है
इतनी लम्बी हँसी!
और वो भी
हसीं, दिलनशीं
यक़ीं जानिये
ऐसे हँसते हैं आप
जैसे छोटे हैं सब
एक सच्चे हैं आप
"शुक्रिया!!
ये बतायें यहाँ से है जाना कहाँ?"
दूर टीले के आगे
वहाँ
लाश इक नौजवाँ की पड़ी है जहाँ
भीड़ सहमी हुई सी
खड़ी है जहाँ
ये तो सब ठीक है
ये बतायें वहाँ
मुझको करना है क्या?
लाश को देख कर
फिर से हँसना है क्या?

जी नहीं!!
उस जगह
फूट के रोइये इस तरह
अपने ही घर में हो
सानेहा जिस तरह
कैमरे का ये संसार है
हर डिज़ाइन की पोशाक तैयार है
झूठ को जो करे पेश सच की तरह
वो ही फ़नकार है

आत्मकथा

किसी को टूट के चाहा, किसी से खिंच के रहे
दुखों की राहतें[1] झेलीं, ख़ुशी के दर्द सहे
कभी बगूला से भटके
कभी नदी से बहे
कहीं अँधेरा, कहीं रोशनी, कहीं साया
तरह-तरह के फ़रेबों का जाल फैलाया
पहाड़ सख़्त था, वर्षों में रेत हो पाया

1. सुख

बम्बई

यह कैसी बस्ती है
मैं किस तरफ़ चला आया
फ़ज़ा में गूँज रही हैं हज़ारों आवाज़ें
सुलग रही हैं हवाओं में अनगिनत साँसें
जिधर भी देखो
खवे[1], कूल्हे, पिण्डलियाँ, टाँगें
मगर कहीं-
कोई चेहरा नज़र नहीं आता!

यहाँ तो सब ही बड़े-छोटे अपने चेहरों को
चमकती आँखों को, गालों को, हँसते होंठों को
सरों के खोल से बाहर निकाल लेते हैं
सवेरे उठते ही
जेबों में डाल लेते हैं!

अजीब बस्ती है!
इसमें न दिन, न रात, न शाम
बसों की सीट से सूरज तुलूअ[2] होता है
झुलसती टीन की खोली में चाँद सोता है

---
1. कन्धें 2. उदय

यहाँ तो कुछ भी नहीं!
रेल और बसों के सिवा
ज़मीं में रेंगते बेहिस[3] समन्दरों के सिवा
इमारतों को निगलती इमारतों के सिवा
ये क़ब्र-क़ब्र जज़ीरा[4] किसे जगाओगे
ख़ुद अपने आप से उलझोगे, टूट जाओगे
यहाँ तो कोई भी चेहरा नज़र नहीं आता!

---

3. चेतनाशून्य 4. द्वीप

बेक़सूर

देखता है मेरी आँखों से कोई
बोलता है मेरे होंठो से कोई
सोचता है मेरी सोचों से कोई

यूँ तो
आईने में हर अक्स निशाँ है मेरा
दूसरों ही का है
जो कुछ भी यहाँ है मेरा
सिर्फ़!
इक नाम की तख़्ती से मकाँ है मेरा

चन्द हर्फ़ों से
तराशा हुआ इक नाम हूँ मैं
बीज मेरा है
न मिट्टी मेरी
जाने क्यों मुफ़्त में बदनाम हूँ मैं

भूत

दूर तक सुनसान रस्ता
ऊँघती, बेसुध हवायें
इक भयानक ख़ामोशी सी

नीम से दो हाथ पीछे
एक हिलता-जुलता साया

लम्बे-लम्बे हाथ जिसके
शेर जैसे दाँत जिसके
बड़ की शाख़ों से जटाएँ
तेज़ शोलों सी निगाहें

रात काली है तो क्या है
दो क़दम का फ़ासला है

छू के अपनी उँगलियों से
भूत को पत्थर बना दो

आज गर घबरा गये तुम
तो यही ख़ामोश पत्थर
बदनुमा, बेजान सा डर

उम्र भर शैतान बन कर
या कोई भगवान बन कर

रास्ता रोका करेगा
बेसबब टोका करेगा
आज एक पथ में है कल से
हर जगह घूमा करेगा
बेसबब टोका करेगा
रास्ता रोका करेगा

चरवाहा और भेड़ें

जिन चेहरों से रोशन हैं
इतिहास के दर्पन
चलती-फिरती धरती पर
वो कैसे होंगे

सूरत का मूरत बन जाना
बरसों बाद का है अफ़साना
पहले तो हम जैसे होंगे

मिट्टी में दीवारें होंगी
लोहे में तलवारें होंगी
आग, हवा
पानी अम्बर में
जीतें होंगी
हारें होंगी

हर युग का इतिहास यही
है -
अपनी-अपनी भेड़ें चुनकर
जो भी चरवाहा होता है
उसके सर नील गगन की
रहमत[1] का साया होता है

---

1. दया

छोटी दुनिया की बड़ी बीमारी

सच है कितना
सुने हुए हैं
झूठ है कितना
झूठ और सच की
अब कोई पहचान नहीं है
शोकेसों में आदमी जैसा जो है
वो इंसान नहीं है

खुले हुए बाज़ार में सारे
अपना साबुन, अपना खिलौना
अपना टीवी, अपना बिछौना
अपना हँसना अपना रोना
रस्ता-रस्ता, महँगा सस्ता
हाट लगा कर बेच रहे हैं
ब्योपार यही
ब्योपारी के हाथ से
गाहक खींच रहे हैं

हर जा मारा मारी है
छोटी होती दुनिया की
ये एक बड़ी बीमारी है

दो सोचें

सुबह जब अखबार ने मुझसे कहा
ज़िन्दगी जीना
बहुत दुशवार है

सरहदें फिर शोरगुल करने लगीं
जंग लड़ने के लिए
तैयार हैं

दरमियाँ जो था ख़ुदा अब वो कहाँ
आदमी से आदमी
बेज़ार है

पास आकर एक बच्चे ने कहा
आपके हाथों में जो
अख़बार है
इस में मेले का भी
बाज़ार है

हाथी, घोड़ा, भालू
सब होंगे वहाँ
हाफ़ डे है आज
कल इतवार है

दूर का सितारा

मैं बरसों बाद
अपने घर को तलाश करता हुआ
अपने घर पहुँचा
लेकिन मेरे घर में
अब मेरा घर कहीं नहीं था

अब मेरे भाई अजनबी औरतों के शौहर[1] बन चुके थे
मेरे घर में
अब मेरी बहनें
अनजाने मर्दों के साथ मुझसे मिलने आई थीं
अपने-अपने दायरों में तक़सीम[2]
मेरे भाई-बहन का प्यार
अब सिर्फ़ तोहफ़ों का लेन-देन बन चुका था
मैं जब तक वहाँ रहा
शेव करने के बाद
ब्रश, क्रीम, सेफ्टीरेज़र
ख़ुद धोकर अटैची में रखता रहा
मैले कपड़े
ख़ुद गिनकर लाउण्ड्री में देता रहा

---

1. पति 2. विभक्त

अब मेरे घर में
वो नहीं थे
जो बहुत सों में बँटकर भी
पूरे के पूरे मेरे थे
जिन्हें मेरी हर खोई चीज़ का पता याद था

मुझे काफ़ी देर हो गई थी
देर जो जाने पर हर खोया हुआ घर
आसमान का सितारा बन जाता है
जो दूर से बुलाता है
लेकिन पास नहीं आता

एक दिन

सूरज!
इक नटखट बालक सा
दिन भर शोर मचाये
इधर-उधर चिड़ियों को बिखेरे
किरनों को छितराये
कलम, दरांती, ब्रश, हथोड़ा
जगह-जगह फैलाये

शाम!
थकी-हारी माँ जैसी
एक दिया मिलकाये[1]
धीमे-धीमे
सारी बिखरी चीज़ें चुनती जायें

1. जलाये

एक ख़त

तुम आईने की आराइश[1] में जब
खोयी हुई-सी थीं
खुली आँखों की गहरी नींद में
सोयी हुई-सी थीं
तुम्हें जब अपनी चाहत थी
मुझे तुमसे मोहब्बत थी

तुम्हारे नाम की ख़ुशबू से जब
मौसम सँवरते थे
फ़रिश्ते जब तुम्हारे रात-दिन
लेकर उतरते थे
तुम्हें पाने की हसरत थी
मुझे तुमसे मोहब्बत थी

तुम्हारे ख़्वाब जब आकाश के
तारों में रोशन थे
गुलाबी अँखड़ियों में धूप थी
आँचल में सावन थे
बहुत सौं से रक़ाबत[2] थी
मुझे तुमसे मोहब्बत थी

---

1. सजावट 2. प्रतिद्वंद्विता

तुम्हारा ख़त मिला

मैं याद हूँ तुमको, इनायत है
बदलते वक़्त की लेकिन
हर एक दिल पर हुकूमत है

वो पहले की हक़ीक़त थी
मुझे तुमसे मोहब्बत थी
मुझे तुमसे मोहब्बत थी

एक राजनेता के नाम

मुझे मालूम है!
तुम्हारे नाम से
मन्सूब[1] हैं

टूटे हुए सूरज-
शिकस्ता[2] चाँद
काला आस्माँ
कर्फ़्यू भरी राहें
सुलगते खेल के मैदान
रोती चीख़ती माँएँ

मुझे मालूम है
चारों तरफ़
जो ये तबाही है
हुकूमत में
सियासत के
तमाशे की गवाही है

---

1. संबंधित 2. खण्डित

तुम्हें–
हिन्दू की चाहत है
न मुस्लिम से अदावत[3] है
तुम्हारा धर्म
सदियों से
तिज़ारत था, तिज़ारत है

मुझे मालूम है लेकिन
तुम्हें मुजरिम कहूँ कैसे
अदालत में
तुम्हारे जुर्म को साबित करूँ कैसे

तुम्हारी जेब में ख़ंजर
न हाथों में कोई बम था
तुम्हारे साथ तो
मर्यादा पुरूषोत्तम का परचम था

---

3. शत्रुता

फ़ातिहा

अगर क़ब्रिस्तान में
अलग-अलग कत्बे[1] न हों
तो हर क़ब्र में
एक ही ग़म सोया हुआ होता है
किसी माँ का बेटा
किसी भाई की बहन
किसी आशिक़[2] की महबूबा
तुम!
किसी क़ब्र पर भी फ़ातिहा[3] पढ़कर चले जाओ

1. शिलालेख 2. प्रेमी

3. कुरआन की प्रथम आयत जो प्रायः मृतकों की आत्मा की शांति और सदगति की कामना से उनकी क़ब्र या मज़ार पर पढ़ी जाती है।

फिर यूँ हुआ

मुमकिन है चन्द रोज़
परीशाँ रही हो तुम
यूँ भी हुआ हो, वक्त पर सूरज उगा न हो
इमली में कोई अच्छा क़तरा पका न हो
छत की खुली हवाओं में आँचल उड़ा न हो

दो-तीन दिन रज़ाई में सर्दी रुकी न हो
कमरे की रात पंख पसारे उड़ी न हो

हँसने की बात पर भी ब-मुश्किल हँसी हो तुम
मुमकिन है चन्द रोज़ परीशाँ रही हो तुम

कुछ दिन खेतों में आँसू बहे शोर-ओ-गुल हुआ
तुम ज़हर पी के सोई!
मैं इंजन से कट गया!

फिर यूँ हुआ कि धूप अब्र[1] छँट गया
मैंने वतन से कोसों परे घर बसा लिया
तुमने पड़ोस में 'नया भाई' बना लिया

1. बादल

फ़्रीज़ शॉट

वक़्त ने
मेरे बालों में चाँदी भर दी
इधर-उधर जाने की आदत कम कर दी

आईना जो कहता है
सच कहता है
एक-सा चेहरा-मोहरा किस का रहता है

कभी अँधेरा कभी सवेरा है जीवन
आज और कल के बीच का फेरा है जीवन

इसी बदलते वक़्त के सहरा में लेकिन
कहीं किसी घर में
इक लड़की ऐसी है
बरसों पहले जैसी थी वो
अब भी बिलकुल
वैसी है

जब तलक वो जिया

जब तलक वो जिया

चाय की केतली साफ़ करता रहा
भीगी बिल्ली सा मालिक से डरता रहा

ताँगे वालों ने छेड़ा तो शरमा गया
कोई चिल्ला के बोला तो घबरा गया

जब तलक वो जिया

अपनी बीवी से हर दिन झगड़ता रहा
बात बे बात बच्चों से लड़ता रहा
रूह घुटती गयी, दम उखड़ता रहा

जब तलक वो जिया

रोज़ जलसे हुए, रोज़ भाषण हुए
देश में जाने कितने इलेक्शन हुए

जीवन का दुख

आज तो
कोई परदेसी से लगते हो
तनहा-तनहा, चुप-चुप डोल रहे हो तुम
तौर-तरीक़े सारे बदले-बदले हैं
कोई नयी सी भाषा बोल रहे हो तुम

तुम कोई जादू हो या जादूगर हो
तरह-तरह के रूप बदलते रहते हो
नये नये साँचों में ढलते रहते हो
कभी-कभी तुम चलते-चलते रस्ते में
किसी चमकती गुड़िया की ख़ातिर, मुझसे
गुस्सा होकर नीर बहाने लगते हो
मेरे दिल पर तीर चलाने लगते हो
कभी किसी महफ़िल के सूने गोशे में
किसी सहेली से मेरा क़िस्सा सुन कर
तनहाई में घंटों सोचा करते हो
बड़ी-बड़ी आँखों से रोया करते हो

और कभी तुम मेरे ही घर में आकर
दिन भर की मेहनत से टूटे-टूटे से
दुनिया की हर शय से ऊबे-ऊबे से
मेरी बूढ़ी माँ पर चिल्ला पड़ते हो
मरियम जैसी पाक बहन से लड़ते हो

तुम जीवन का दुख हो
टूटे सपने हो
काले-गोरे चेहरे पहने फिरते हो
नाम तुम्हारा चाहे कुछ भी हो
लेकिन
तुम भाई हो, महबूबा हो, बच्चे हो
तुम जीवन का दुख हो
मेरे अपने हो

आज तो कोई परदेसी से लगते हो

जिसे लिखता है सूरज

वो आयी!
और उसने मुस्कुरा के
मेरी बढ़ती उम्र के
सारे पुराने
जाने अनजाने बरस
पहले हवाओं में उड़ाये
और फिर मेरी ज़बाँ के
सारे लफ़्ज़ों को
ग़ज़ल को
गीत को
दोहों को
नज़्मों को
खुली खिड़की से बाहर फेंक कर
यूँ खिलखिलाई
क़लम ने
मेज़ पर लेटे ही लेटे आँख मिचकाई
म्याऊँ करके कूदी
बन्द शीशी में पड़ी सियाही
उठा के हाथ दोनों
चाय के कप ने ली अँगड़ाई
छलाँगें मार के
हँसने लगी बरसों की तनहाई
अचानक मेरे होठों पर

इशारों और बेमअनी सदाओं की
वही भाषा उभर आयी
जिसे लिखता है सूरज
जिसे पढ़ता है दरिया
जिसे सुनता है सब्ज़ा
जिसे सदियों बादल बोलता है
और हर धरती समझती है

जो एक दर्द है साँसों में

लिखो कि
चील के पंजों में
साँप का सर है

लिखो कि
साँप का फन
छिपकली के ऊपर है

लिखो कि
मुँह में उसी छिपकली के
झींगुर है

लिखो कि
चिंउटा झींगुर की
दस्तरस[1] में है

लिखो कि
जो भी यहाँ है किसी
क़फ़स[2] में है

---

1. पहुँच 2. पिंजड़ा

लिखो कि
कोई बुरा है
न कोई अच्छा है

लिखो कि
रंग है जो भी नज़र में
कच्चा है

जो एक दर्द है साँसों में
वो ही सच्चा है

ये एक दर्द ही
संघर्ष भी है, ख़्वाब भी है
लिखो कि
ये ही अन्धेरों का
माहताब[3] भी है!

---
3. चाँद

कन्फ़ेशन

(महाराष्ट्र की शैला कन्नी के लिए जो अकेली ज़ुल्म से लड़ के हार गयी)

ये सच है
जब तुम्हारे जिस्म की
चादर
भरी महफ़िल में खींची जा रही थी
उस तमाशे का
तमाशाई था मैं भी
और मैं चुप था

ये सच है
जब तुम्हारी बेगुनाही को
सरे बाज़ार सूली पर चढ़ाया जा रहा था
उस घड़ी
मैं भी वहाँ था
और मैं चुप था

ये सच है
जब सुलगती रेत पर तुम
सर बरहना
अपने बेटों
भाईयों को
तनहा बैठी
रो रही थीं

मैं तुम्हारी बेबसी का
मरसिया था
और मैं चुप था

ये सच है
आज भी जब
शेर, चीतों से घिरे जंगल से टकराती
तुम्हारी चीख़ती साँसें
मुझे आवाज़ देती हैं
मेरी शोहरत
मेरी इज़्ज़त
मेरी आराम की आदत
मेरे बढ़ते हुए क़दमों को
बढ़ के थाम लेती है
मैं मुजरिम था। मैं मुजरिम हूँ
मेरी ख़ामोशी मेरी जुर्म की ज़िन्दा शहादत है
मैं उनके साथ था जो
जुल्म को ईजाद करते हैं
मैं उनके साथ हूँ
जो हँसती, गाती बस्तियाँ बर्बाद करते हैं

खिलौने

आओ कहीं से
थोड़ी सी मिट्टी भर लाएँ
मिट्टी को बादल से गूँधें
चाक चलाएँ
नए-नए आकार बनाएँ

किसी के सर पर चुटिया रख दें
माथे ऊपर तिलक लगाएँ
किसी के छोटे से चेहरे पर
मोटी सी दाढ़ी फैलाएँ

कुछ दिन इनसे जी बहलाएँ
और ये जब मैले हो जाएँ

दाढ़ी
चोटी
तिलक

सभी को...
तोड़-फोड़ के गडमड कर दें
मिली-जुली ये मिट्टी फिर से
अलग-अलग साँचों में भर दें

दाढ़ी में
चोटी लहराए
चोटी में
दाढ़ी छुप जाए

किस में कितना कौन छुपा है
कौन बताये

ख़ुदा ही ज़िम्मेदार है

हर एक जुर्म नाम है
जो नाम
संगसार[1] है
वो नाम बेकुसूर है

कुसूरवार भूख है
जो मुद्दतों से
रायफल है
चीख़ है
पुकार है
यही गुनहगार है

नहीं ये भूख तो
किसी महल की पहरेदार है
ग़रीब ताबेदार है

गुनहगार है महल
मगर महल तो खुद
सियासतों का इक़्तदार है
सियासतों के इर्द-गिर्द भी
कोई हिसार है

1. जिसे पत्थर मार-मार कर मार डाला गया हो

अजीब इन्तिशार[2] है
न कोई चोर
चोर है
न कोई साहूकार है
ये कैसा कारोबार है
ख़ुदा की कायनात[3] का
ख़ुदा ही ज़िम्मेदार है

2. तोड़-फोड़ 3. संसार, ब्रह्माण्ड

ख़ुदा ख़ामोश है

बहुत से काम हैं
लिपटी हुई धरती को फैला दें
दरख़्तों को उगायें, डालियों पर फूल महका दें
पहाड़ों को क़रीने से लगायें
चाँद लटकायें
ख़लाओं के सरों पे नीलगूँ[1] आकाश फैलायें
सितारों को करें रौशन
हवाओं को गति दे दें
फुदकते पत्थरों को पंख देकर नग़्मगीं दे दें
लबों को मुस्कुराहट
अँखड़ियों को रोशनी दे दें
सड़क पे डोलती परछाइंयों को ज़िन्दगीं दे दें
ख़ुदा ख़ामोश है, तुम आओ तो तख़लीक़ हो दुनिया
मैं इतने सारे कामों को अकेले कर नहीं सकता

1. नीला

ख़ुदा तू है कहाँ

ख़ुदा तू है कहाँ?
तेरी बहुत
मुझको ज़रूरत है
तेरे होते हुए तो
वक़्त पर सूरज निकलता था
हवा पेड़ों में रहती थी
नदी खेतों में बहती थी
अकेले रास्तों में
चाँद साथी बन के चलता था
तेरे होते हुए तो
हर भँवर के बीच साहिल था
तेरे होते हुए तो
तू था हक़
शैतान बातिल था
कई नामों से तू
हर एक रस्मुल-ख़त में शामिल था
कहीं यूँ तो नहीं!
तू अब नहीं
इन आस्तानों में
बुज़ुर्गों से जहाँ
मिलता था तू
अगले ज़मानों में

ज़मीं को छोड़ कर
तू किस लिए है आसमानों में
मोहब्बत! दरबदर!
बेआसरा!
हर इक इबादत है
ख़ुदा तू है कहाँ
तेरी बहुत
मुझको ज़रूरत है

कोई अकेला कहाँ है

शुक्रिया ऐ दरख़्त तेरा
तेरी घनी छाँव
मेरे रस्ते की दिलकशी है

शुक्रिया ऐ चमकते सूरज
तेरी शुआओं[1] से
मेरे आँगन में रोशनी है

शुक्रिया ऐ चहकती चिड़िया
तेरे सुरों में मेरी ख़ामोशी में नग़मगी[2] है

पहाड़ मेरे लिए ही
मौसम सजा रहा है
नदी का पानी
हवा से बादल बना रहा है
किसी की सुई से
मेरा कुरता तुरप रहा है
मेरे लिए गुलाब
धूपों में तप रहा है
कोई अकेला कहाँ है
ज़मीं के ज़र्रे से आसमाँ तक

---

1. किरणों

हर एक वजूद[2] एक कारवाँ है
ज़मीन माँ है
हर एक सर पर
हज़ार रिश्तों का आसमाँ है
बँटी हुई सरहदों में
सब कुछ जुड़ा हुआ है
अकेलापन
आदमी की फ़ुर्सत का फ़लसफ़ा है

2. अस्तित्व

माहिये

पागल है मिराक़ी है
मुर्दा है न ज़िन्दा
ये बच्चा इराक़ी है

डाली पे परिन्दा है
आँखों में भर लीजे
मंज़र अभी ज़िन्दा है

सतरंगी दोपट्टा है
देखे जो न मुड़ के
वो उल्लू का पट्ठा है

हक़गोई का हामी है
नालाँ हैं सब इससे
आईना हरामी है

बेनाम सा मरक़द है
मिट्टी हुई मिट्टी
अब जंग न सरहद है

अल्लाह कहाँ है तू?
फिर भी जहाँ तू है
क्या सच है वहाँ है तू?

क्या ख़ूब ज़माना है
जितनी हक़ीक़त है
उतना ही फ़साना है

छज्जे पर कबूतर है
धूप में है क़ासिद
हुजरे में क़लंदर है

ताले में लगी चाबी
भय्या की थाली में
गुड़ रखने लगी भाभी

सुर हँसी का लहराया
राधा की गागर में
फिर चाँद उतर आया

हर द्वार पे मेला है
द्वार के पीछे तो
हर कोई अकेला है

तन्दूर में रोटी है
भूख अधरमी है
दाढ़ी है न चोटी है

मैं ख़ुदा बन के

मस्जिदों-मन्दिरों की दुनिया में
मुझको पहचानते कहाँ हैं लोग

रोज़ मैं चाँद बन के आता हूँ
दिन में सूरज-सा जगमगाता हूँ

खनखनाता हूँ माँ के गहनों में
हँसता रहता हूँ छुप के बहनों में

मैं ही मज़दूर के पसीने में...!
मैं ही बरसात के महीने में

मेरी तस्वीर आँख का आँसू
मेरी तहरीर जिस्म का जादू

मस्जिदों, मन्दिरों की दुनिया में
मुझको पहचानते नहीं जब लोग

मैं ज़मीनों को बेज़िया[1] करके
आसमानों में लौट जाता हूँ

मैं खुदा बनके क़हर ढाता हूँ

---

1. बिना ज्योति के

मरम्मत की ज़रूरत

बहुत मैला है ये सूरज
किसी दरिया के पानी में
उसे धोकर सुखायें फिर
गगन में चाँद भी!
कुछ धुँधला-धुँधला है
मिटा के उसके सारे दाग़-धब्बे
जगमगायें फिर
हवायें सो रही हैं
पर्वतों पर पाँव फैलाये
जगा के उनको नीचे लायें
पेड़ों में बसायें फिर
धमाके कच्ची नींदों में
डरा देते हैं बच्चों को
धमाके ख़त्म करके
लोरियों को गुनगुनाएँ फिर
वो जबसे साथ है
यूँ लग रहा है
अपनी ये दुनिया
जो सदियों की विरासत है
जो हम सब की अमानत है
पुरानी हो गयी है
इसमें अब
थोड़ी मरम्मत की ज़रूरत है

मेरा घर

जिस घर में अब मैं रहता हूँ
वो मेरा है

इसके कमरों की
आराइश[1]
इसके आँगन की
ज़ेबाइश[2]
अब मेरी है

मुझसे पहले
मुझसे पहले से भी पहले

ये घर
किस-किस का अपना था
किन-किन आँखों का
सपना था
कब-कब
इसका क्या नक़्शा था?

---

1. सजावट 2. श्रंगार

ये सब तो
कल का क़िस्सा है,
इसका आज
मेरा हिस्सा है

आज के, कल बन जाने तक ही
मेरा भी
इससे रिश्ता है

जिस घर में
अब मैं रहता हूँ
वो मेरा है

मेरी माँ है वो?

क्या पता
कौन थी
कहाँ है वो
जन्म देते ही
छोड़ कर मुझको
एक मुद्दत से लापता है जो
लोग कहते हैं मेरी माँ है वो
आईना
रोज़ मुझसे कहता है
मेरी आँखों में
उसकी आँखें हैं
होंठ उसके हैं
मेरे होंठों में
लोच है उसका
मेरी बाँहों में
कौन सी बोली बोलती थी वो?
किस इलाक़े से
उसको निस्बत थी?
एक शब को
वो जिसकी चाहत थी
उस मुसाफ़िर की
कैसी सूरत थी?

ख़ैर छोड़ो!
पुरानी बातों को
कैसा शिजरा?
कहाँ के दीन-धरम
ख़ून तो जिस्म ही बनाता है
जिस्म को
शख़्सियत बनाने में
सिर्फ़
माहौल काम आता है
मैं जहाँ हूँ
वही है घर मेरा
इसी घर में
रिवाज है मेरा
इसी घर से
समाज है मेरा

मुझी में ख़ुदा था

मुझे याद है
मेरी बस्ती के सब पेड़
पर्वत
हवाएँ
परिन्दे
मेरे साथ रोते थे
हँसते थे

मेरे ही दुख में
दरिया किनारों पे सर को पटकते थे

मेरी ही खुशियों में
फूलों पे
शबनम के मोती चमकते थे
यहीं
सात तारों के झुरमुट में
लाशक्ल-सी[1]
जो खुनक रोशनी थी
वहीं जुगनुओं की
चिराग़ों की
बिल्ली की आँखों की ताबिन्दगी[2] थी

---

1. बिना आकृति-सी 2. ज्योति

नदी मेरे अन्दर से होके गुज़रती थी
आकाश...!
आँखों का धोखा नहीं था

ये बात उन दिनों की है
जब इस ज़मीं पर
इबादतघरों[3] की ज़रूरत नहीं थी
मुझी में
ख़ुदा था...!

3. पूजागृहों

नंगा नाच

खेत उनके पास कब थे
जिनमें वो ग़ल्ला उगाते
रूई चरखों में कहाँ थी
जिससे वो कपड़ा बनाते
आग चूल्हों में कहाँ थी
जिस पे वो रोटी पकाते

हाथ वो
बे काम थे सब
जिनको कामों से लगाया जा रहा था
गोदियाँ माँओं की
क़ब्रें बन रही थीं
मक्तबों में
ख़ूँ बहाया जा रहा था

मौत रस्तों पर बिछाई जा रही थी
शहर को ज़िन्दा जलाया जा रहा था
हो रही थी!
तख़्त शाही की मरम्मत!

सब्ज़ पेड़ों को गिराया जा रहा था
आयतों की बरकतों में
आरती के मन्तरों में

सदियों बूढ़ी...
भूख को
नंगा नचाया जा रहा था

नये घर की पहली नज़्म

चार दीवारों पे छत बाँध के
जब वो उतरा
जिस्म था उसका
पसीने से सराबोर
मगर
उसको आराम की मोहलत[1] न मिली
घर की दीवारों ने
दीवारों की ज़ीनत के लिए
नीले आकाश में उड़ते हुए उसके सर को
एक कमरे में
मुक़फ़्फ़ल[2] करके
उसके बेसर के बदन के ऊपर
साज़-ओ-सामान की
फ़ेहरिस्त[3] लगा दी ऐसे
कोई ढलान पर
पहिए को घुमा दे जैसे
देखते-देखते
टी.वी.
फ्रिज़
सोफ़ा बन के
आदमी खो गया इज़्ज़त का तमाशा बन
के
हर घड़ी भागते रहना है
मुक़द्दर उसका
घर की दीवारों ने ही
छीन लिया घर उसका

1. अवकाश 2. बन्द 3. सूची

नाजायज़ औलाद

भूख का कोई जुग़राफ़िया नहीं होता
घास का कोई इलाक़ा नहीं होता
पानी का कोई मज़हब नहीं होता

जहाँ अनाज है
वहाँ भूख है
जहाँ मिट्टी है
वहाँ घास है
जहाँ पानी है
वहाँ प्यास है
आसमान और ज़मीन के
जायज़ रिश्ते की
ये नाजायज़ औलाद
किसी सरहद को नहीं मानती
किसी क़ानून को नहीं पहचानती
शहर, जंगल, पर्वत, वादी
की तक़सीम से ये अनजान है
इसका घर
सारा जहान है

नज़्म बहुत आसान थी पहले

नज़्म बहुत आसान थी पहले
घर के आगे
पीपल की शाख़ों से उछल के
आते-जाते
बच्चों के बस्तों से निकल के
रंग-बिरंगी
चिड़ियों की चहकार में ढल के
नज़्म मेरे घर जब आती थी
मेरे क़लम से, जल्दी-जल्दी
ख़ुद को पूरा लिख जाती थी

अब सब मंज़र
बदल चुके हैं
छोटे-छोटे चौराहों से
चौड़े रस्ते निकल चुके हैं
नये-नये बाज़ार
पुराने गली-मोहल्ले निगल चुके हैं
नज़्म से मुझ तक
अब कोसों लम्बी दूरी है
इन कोसों लम्बी दूरी में
कहीं अचानक

बम फटते हैं
कोख में माँओं के
सोते बच्चे कटते हैं
मज़हब और सियासत
दोनों
नये-नये नारे रटते हैं
बहुत से शहरों
बहुत से मुल्कों से
अब चल कर
नज़्म मेरे घर जब आती है
इतनी ज़्यादा थक जाती है
मेरे लिखने की टेबल पर
ख़ाली काग़ज़ को
ख़ाली ही छोड़ के रुख़्सत हो जाती है

और किसी फुटपाथ पे जाकर
शहर के सबसे बूढ़े शहरी की
पलकों पर!
आँसू बन कर सो जाती है

नींद पूरे बिस्तर में नहीं होती

नींद पूरे बिस्तर में नहीं होती
वो पलँग के एक कोने में
दायें
या बायें
किसी मख़सूस तकिये की
तोड़-मोड़ में छिपी होती है
जब तकिये और गर्दन में
समझौता हो जाता है
तो आदमी चैन से
सो जाता है

पैसे का सफ़र

दिन-रात कमाया पैसा
बाँहे, टाँगे, बीनाई[1]
सब खोकर पाया पैसा

पैसे से उगाया पैसा
पैसे ने लड़ाया पैसा

फिर दिन का सवेरा पैसा
रातों का अँधेरा पैसा
फिर मेरा-तेरा पैसा

पहले तो कमाया पैसा
फिर ख़ुद को बनाया पैसा
जब पैसा घिसकर टूटा
पैसे ने जलाया पैसा

कुछ काम न आया पैसा
कितना था पराया पैसा

---

1. दृष्टि

पासपोर्ट ऑफ़िसर के नाम

करााँची एक माँ है
बम्बई बिछड़ा हुआ बेटा
ये रिश्ता प्यार का पाकीज़ा[1] रिश्ता है जिसे
अब तक
न कोई तोड़ पाया है
न कोई तोड़ सकता है
ग़लत है रेडियो, झूठी हैं सब अख़बार की ख़बरें

न मेरी माँ कभी तलवार ताने रन में आई है
न मैंने अपनी माँ के सामने बन्दूक उठायी है
ये कैसा शोर-ओ-हंगामा है
ये कैसी लड़ाई है

---

1. पवित्र

पुराने खेल

हम तुम घंटियाँ बजते ही पिंजरों से
निकल कर बाहर आते हैं
नये-नये करतब दिखाते हैं
दुश्मनों की तरह एक-दूसरे से टकराते हैं
जब लड़-झगड़ के थक जाते हैं
तो वापस अपने पिंजरों में क़ैद हो जाते हैं
हमें हमारी लड़ाई की वजह मालूम नहीं
मुर्गों की हाथापाई

साँप और मोर की लड़ाई
शेर और बैल की मारकटाई
नये राजे-नवाबों के पुराने खेल हैं
हम तो सिर्फ़ लड़ाये जाते हैं
हमारा काम सिर्फ़ तमाशा करना है
दूसरों के लिये जीना है
दूसरों के लिये मरना है

रास्ते की मन्तिक़

अभी-अभी जो गया है धकेल कर तुमको
उसे बुरा न कहो
अपने पैर मत रोको
जो चल सको तो चलो
वरना रास्ता छोड़ो!
तुम्हारे पीछे भी कुछ लोग आ रहे होंगे
दया की भीख न माँगो
बढ़े चलो यूँ ही
उबलती भीड़ की लहरें हैं तेज़ धार बहुत
यहाँ किसी की किसी से नज़र नहीं मिलती
न दोस्ती
न मुहब्बत
न फ़लसफ़ा कोई
ये रास्ता है यहाँ रास्ते की मिन्तक़[1] है
तलाश सबको है
मौक़े की बात है सारी
कोई फिसलता है
कोई फलाँग जाता है
जो आगे बढ़ता है दो-चार को गिराता है
अभी-अभी जो गया है धकेल कर तुमको
उसे बुरा न कहो

---

1. तर्क

रोशनी के फ़रिश्ते

हुआ सवेरा
ज़मीन पर फिर अदब से आकाश
अपने सर को झुका रहा है
कि बच्चे स्कूल जा रहे हैं...

नदी में स्नान करके सूरज
सुनहरी मलमल की पगड़ी बाँधे
सड़क किनारे
खड़ा हुआ मुस्करा रहा है
कि बच्चे स्कूल जा रहे हैं

हवाएँ सर-सब्ज़ डालियों में
दुआओं के गीत गा रही हैं
महकते फूलों की लोरियाँ
सोते रास्तों को जगा रही हैं
घनेरा पीपल,
गली के कोने से हाथ अपने हिला रहा है
कि बच्चे स्कूल जा रहे हैं...

फ़रिश्ते निकले हैं रोशनी के
हर एक रस्ता चमक रहा है
ये वक़्त वो है
ज़मीं का हर ज़र्रा
माँ के दिल-सा धड़क रहा है

पुरानी इस छत पे वक़्त बैठा
कबूतरों को उड़ा रहा है
कि बच्चे स्कूल जा रहे हैं
कि बच्चे स्कूल जा रहे हैं...

सरहद पार का एक ख़त पढ़कर

दवा की शीशी में
सूरज
सुलगती आग में चाँद
उखड़ती साँसों में रह-रह के एक नाम की गूँज
तुम्हारे ख़त को कई बार पढ़ चुका हूँ मैं

कोई फ़क़ीर खड़ा गिड़गिड़ा रहा था अभी
बिना उठे उसे दुत्कार कर भगा भी चुका

गली में खेल रहा था पड़ोस का बच्चा
बुला के पास उसे मार कर रुला भी चुका

बस एक आख़िरी सिगरेट बचा था पैकिट में
उसे भी फूँक चुका
घिस चुका
न जाने वक़्त है क्या, दूर तलक सन्नाटा
फ़क़त मुँडेर के पिंजरे में ऊँघता पंछी
कभी-कभी यूँ ही पंजे चलाने लगता है
फिर अपने आप ही
दाने उठाने लगता है
तुम्हारे ख़त को...

शाम

सूखे कपड़ों को छत से चुनती हुई
पीली किरणों का हार बुनती हुई

गीले बालों में तौलिया लिपटाये
हाथ में इक कटी पतंग उठाये
दायें बाज़ू पे थोड़ी धूप सजाये

सीढ़ियों से
उतरकर
आयी है
किस क़दर बन सँवर के
आयी है
बजते हाथों से चिमनियाँ धोकर
घर के हर काम से सुबुक होकर
पालने को झुला रही है शाम
प्यालियों में खिला रही है शाम
चंदा मामू गा रही है शाम

तुम्हें सलाम

तुम घर के आगे की सड़क के
छोटे से हिस्से पर झाड़ू
लगा रहे हो

तुम खेत में
थोड़े से बीज बिखेर के
हल चला रहे हो

तुम पास की नदी से
अपने लिए
गागर भर पानी ला रहे हो

तुम हक़ीक़त में
मैली होती दुनिया के
एक हिस्से को जगमगा रहे हो
तुम हक़ीक़त में
चारों तरफ़ फैली भूख में
थोड़ी सी भूख मिटा रहे हो

तुम हक़ीक़त में
संसार भर प्यास को
गागर भर पानी पिला रहे हो

तुम ख़ामोशी से
ज़िन्दगी के क़र्ज़ को
आसान क़िस्तों में चुका रहे हो
तुम्हें सलाम!

वालिद की वफ़ात* पर

तुम्हारी क़ब्र पर
मैं फ़ातिहा पढ़ने नहीं आया
मुझे मालूम था
तुम मर नहीं सकते
तुम्हारी मौत की सच्ची ख़बर जिसने उड़ायी थी
वो झूठा था
वो तुम कब थे
कोई सूखा हुआ पत्ता हवा से हिल के टूटा था
मेरी आँखें
तुम्हारे मंज़रों में क़ैद हैं अब तक
मैं जो भी देखता हूँ
सोचता हूँ
वो... वही है
जो तुम्हारी नेकनामी और बदनामी की दुनिया थी
कहीं कुछ भी नहीं बदला
तुम्हारे हाथ मेरी उँगलियों में साँस लेते हैं
मैं लिखने के लिए जब भी क़लम काग़ज़ उठाता हूँ
तुम्हें बैठा हुआ मैं अपनी ही कुर्सी में पाता हूँ
बदन में मेरे जितना भी लहू है
वो तुम्हारी लग़ज़िशों[1]
नाकामियों के साथ बहता है
मेरी आवाज़ में छिपकर

---

*निधन 1. लड़खड़ाहटों

तुम्हारा ज़ेह्न रहता है
मेरी बीमारियों में तुम
मेरी लाचारियों में तुम
तुम्हारी क़ब्र पर जिसने तुम्हारा नाम लिक्खा है
वो झूठा है

तुम्हारी क़ब्र में मैं दफ़्न हूँ
तुम मुझमें ज़िन्दा हो
कभी फुर्सत मिले तो फ़ातिहा पढ़ने चले आना!

ये ख़ून मेरा नहीं है

तुम्हारी आँखों में
आज किसके लहू की लाली
चमक रही है
ये आग कैसी दहक रही है
पता नहीं
तुमने मेरे धोके में किस पे ख़ंजर चला दिया
है
वो कौन था
किसके रास्ते का चिराग़ तुमने बुझा दिया है
ये ख़ून मेरा नहीं है
लेकिन तुम्हें भी शायद ख़बर नहीं थी
जहाँ निशाना लगाये बैठे थे
वो मेरी रहगुज़र नहीं थी

मैं कल भी ज़िन्दा था...
आज भी हूँ
मैं कोई चेहरा
कोई इमारत
कोई इलाक़ा नहीं हूँ
सूरज की रोशनी हूँ

मैं ज़िन्दगी हूँ
तुम्हारे हथियार बेनज़र[1] हैं
तवील[2] सदियों का फ़ासला
वक़्त बन चुका है
तलाश तुमको है जिसकी
वो अब
तुम्हारे अन्दर समा चुका है

तुम्हारी मेरी ये दुश्मनी भी है
इक मुअम्मा[3]
ख़ुद अपने घर को न आग जब तक
लगाओगे तुम
मुझे नहीं मार पाओगे तुम

---

1. दृष्टिहीन 2. दीर्घ 3. पहेली

ये ज़िन्दगी

ये ज़िन्दगी
आज तो तुम्हारे
बदन की छोटी-बड़ी नसों में
मचल रही है
तुम्हारे पैरों से
चल रही है
तुम्हारी आवाज़ में गले से
निकल रही है
तुम्हारे लफ़्ज़ों में
ढल रही है

ये ज़िन्दगी!
जाने कितनी सदियों से
यूँ ही शक्लें
बदल रही है

बदलती शक्लों
बदलते जिस्मों में
चलता-फिरता ये इक शरारा
जो इस घड़ी

नाम है तुम्हारा!
इसी से सारी चहल-पहल है
इसी से
रोशन है हर नज़र

सितारे तोड़ो
या घर बसाओ
अलम उठाओ
या सर झुकाओ

तुम्हारी आँखों की रोशनी तक
है खेल सारा
ये खेल होगा नहीं दोबारा

अशआर

1

कभी किसी को मुकम्मल जहाँ नहीं मिलता
कहीं ज़मीं तो कहीं आसमाँ नहीं मिलता

2

दिल में न हो जुरअत तो मोहब्बत नहीं मिलती
ख़ैरात में इतनी बड़ी दौलत नहीं मिलती

3

चमकते चाँद सितारों का क्या भरोसा है
ज़मीं की धूल भी अपनी उड़ान में रखना

4

सवाल तो बिना मेहनत के हल नहीं होते
नसीब को भी मगर इम्तिहान में रखना

5

जो भी किया, किया न किया फिर किसी को क्या
ग़ालिब उधार ले के जिया फिर किसी को क्या

6

अल्ला अरब में, फ़ारसी वालों में वो ख़ुदा
मैंने जो माँ का नाम लिया फिर किसी को क्या

7

हर एक बात को चुपचाप क्यों सुना जाये
कभी तो हौसला करके नहीं कहा जाये

8

जुदा है हीर से राँझा, कई ज़मानों से
नये सिरे से कहानी को फिर लिखा जाये

9

दरिया हो या पहाड़ हो टकराना चाहिए
जब तक न साँस टूटे जिये जाना चाहिए

10

ऐसे भी गली कूचे हैं बस्ती में हमारी
बचपन में भी बच्चे जहाँ बच्चे नहीं लगते

11

कश्ती तो बड़ी चीज़ है, मिट्टी के घड़े भी
दरिया में उतरना हो तो कच्चे नहीं लगते

12

अब ख़ुशी है न कोई दर्द रुलाने वाला
हमने अपना लिया हर रंग ज़माने वाला

13

उसको रुख़सत तो किया था मुझे मालूम न था
सारा घर ले गया घर छोड़ के जाने वाला

14

इक मुसाफ़िर के सफ़र जैसी है सबकी दुनिया
कोई जल्दी में कोई देर में जाने वाला

15

बात कम कीजै ज़ेहानत को छुपाते रहिए
अजनबी हर शहर ये दोस्त बनाते रहिए

16

दुश्मनी लाख सही ख़त्म न कीजै रिश्ता
दिल मिले या न मिले हाथ मिलाते रहिए

17

कभी-कभी यूँ भी हमने, अपने जी को बहलाया है
जिन बातों को ख़ुद नहीं समझे, औरों को समझाया है

18

मीर-ओ-ग़ालिब के शे'रों ने किसका साथ निभाया है
सस्ते गीतों को लिख-लिख कर हमने घर बनवाया है

19

हर एक घर में दिया भी जले अनाज भी हो
अगर न हो कहीं ऐसा तो एहतेजाज भी हो

20

हुकूमतों को बदलना तो कुछ मुहाल नहीं
हुकूमतें जो बदलता है वो समाज भी हो

21

जिन चिराग़ों को हवाओं का कोई ख़ौफ़ नहीं
उन चिराग़ों को हवाओं से बचाया जाये

22

घर से मस्जिद है बहुत दूर चलो यूँ कर लें
किसी रोते हुए बच्चे को हँसाया जाये

23

गुज़र जाती है यूँ ही उम्र सारी
किसी को ढूँढ़ते हैं हम किसी में

24

अपनी मर्ज़ी से कहाँ अपने सफ़र के हम हैं
रुख़ हवाओं का जिधर का है, उधर के हम हैं

25

धूप में निकलो घटाओं में नहाकर देखो
ज़िन्दगी क्या है किताबों को हटाकर देखो

26

दुनिया जिसे कहते हैं बच्चे का खिलौना है
मिल जाये तो मिट्टी है, खो जाये तो सोना है

27

ग़म हो कि ख़ुशी दोनों कुछ दूर के साथी हैं
फिर रस्ता ही रस्ता है, हँसना है न रोना है

28

सफ़र में धूप तो होगी जो चल सको तो चलो
सभी हैं भीड़ में तुम भी निकल सको तो चलो

29

गरज-बरस प्यासी धरती पर फिर पानी दे मौला
चिड़ियों को दाना, बच्चों को गुड़धानी दे मौला

30

फिर मूरत से बाहर आकर चारों ओर बिखर जा
फिर मन्दिर को कोइ 'मीरा' दीवानी दे मौला

31

जब किसी से कोई गिला रखना
सामने अपने आईना रखना

32

मस्जिदें हैं नमाज़ियों के लिए
अपने दिल में कहीं ख़ुदा रखना

33

चाँद से, फूल से या मेरी ज़बाँ से सुनिए
हर जगह आपका क़िस्सा है जहाँ से सुनिए

34

बदला न अपने आपको जो थे वही रहे
मिलते रहे सभी से मगर अजनबी रहे

35

बे नाम सा ये दर्द ठहर क्यों नहीं जाता
जो बीत गया है वो गुज़र क्यों नहीं जाता

36

हर घड़ी ख़ुद से उलझना है, मुक़द्दर मेरा
मैं ही कश्ती हूँ मुझी में है समन्दर मेरा

37

कहीं छत थी, दीवारो-दर थे कहीं मिला मुझको घर का पता देर से
दिया तो बहुत ज़िन्दगी ने मुझे मगर जो दिया वो दिया देर से

38

आज उन्हें हँसते देखा तो कितनी बातें याद आईं,
कुछ दिन हमने भी सोचा था उनको भूल ना पाएँगे

39

बच्चों के छोटे हाथों को चाँद-सितारे छूने दो,
चार किताबें पढ़ कर ये भी हम जैसे हो जाएँगे

40

ऐ शाम के फ़रिश्तों ज़रा देख के चलो
बच्चों ने साहिलों पे घरौंदे बनाए हैं

41

मुझसे मुझे निकाल के पत्थर बना दिया
जब मैं नहीं रहा हूँ तो पूजा गया हूँ मैं

42

ऊपर के चेहरे-मोहरे से धोखा न खाइये
मेरी तलाश कीजिये, गुम हो गया हूँ मैं

43

नशा बरा-ए-नशा है अज़ाब में शामिल
किसी की याद को कीजै शराब में शामिल

44

बरसों से अँधेरों में पड़ा चीख़ रहा हूँ
मैं अपने ही अन्दर हूँ मुझे कौन निकाले

45

तन्हा हुए, ख़राब हुए, आईना हुए
ख़ुद अपनी कायनात, ख़ुद अपने ख़ुदा हुए

46

हम भी किसी कमान से, निकले थे तीर से
ये और बात है कि निशाने ख़ता हुए

47

हर राहगुज़र रास्ता भूला हुआ बालक
हर हाथ में मिट्टी का खिलौना नज़र आये

48

हर थकन का फ़रेब है मंज़िल
चलने वालों को रास्ता ही मिला

49

बैठे हैं दोस्तों में ज़रूरी हैं क़हक़हे
सबको हँसा रहे हैं मगर रो रहे हैं हम

50

शायद कभी उजालों के ऊँचे दरख़्त हों
सदियों से आँसुओं की चमक बो रहे हैं हम

51

अब किसी से भी शिकायत न रही
जाने किस-किस से गिला था पहले

52

शह्र तो बाद में वीरान हुआ
मेरा घर ख़ाक हुआ था पहले

53

मेज़ पर ताश के पत्तों-सी सजी है दुनिया
कोई खोने के लिए है कोई पाने के लिए

54

तुमसे छुट कर भी तुम्हें भूलना आसान न था
तुमको ही याद किया तुमको भुलाने के लिए

55

औरों जैसे होकर भी हम बाइज़्ज़त हैं बस्ती में
कुछ लोगों का सीधापन है, कुछ अपनी भी अय्यारी है

56

नक़्शा उठा के कोई नया शह्र ढूँढ़िए
इस शह्र में तो सबसे मुलाक़ात हो गयी

57

शायद कुछ दिन और लगेंगे ज़ख़्म-ए-दिल के भरने में
जो अक्सर याद आते थे वो कभी-कभी याद आते हैं

58

आँखों देखी कहने वाले पहले भी कम-कम ही थे
अब तो सब ही सुनी-सुनाई बातों को दोहराते हैं

59

कोई किसी से ख़ुश हो, और वो भी बारहा हो ये बात तो ग़लत है
रिश्ता लिबास बनकर, मैला नहीं हुआ हो ये बात तो ग़लत है

60

नयी-नयी आँखें हों तो हर मंज़र अच्छा लगता है
कुछ दिन शह्र में घूमे लेकिन, अब घर अच्छा लगता है

61

हमने भी सो कर देखा है नये-पुराने शहरों में
जैसा भी है अपने घर का बिस्तर अच्छा लगता है

62

उठ के कपड़े बदल, घर से बाहर निकल, जो हुआ सो हुआ
रात के बाद दिन, आज के बाद कल जो हुआ सो हुआ

63

जब तलक साँस है, भूख है, प्यास है ये ही इतिहास है
रख के काँधे पे हल, खेत की ओर चल, जो हुआ सो हुआ

64

मुन्नी की भोली बातों सी चटकीं तारों की कलियाँ
पप्पू की ख़ामोश-शरारत-सा छुप-छुप कर उभरा चाँद

65

मुझसे पूछो कैसे काटी मैंने पर्वत जैसी रात
तुमने तो गोदी में लेकर घण्टों चूमा होगा चाँद

66

मुमकिन है सफ़र हो आसाँ अब साथ भी चलकर देखें
कुछ तुम भी बदलकर देखो, कुछ हम भी बदलकर देखें

67

अब वक़्त बचा है कितना जो और लड़ें दुनिया से
दुनिया की नसीहत पर भी थोड़ा-सा अमल कर देखें

68

सुनने की मोहलत मिले तो आवाज़ है पत्थरों में
उजड़ी हुई बस्तियों में आबादियाँ बोलती हैं

69

एक से मिल के सब से मिल लीजिए
आज हर शख़्स है नक़ाबों में

70

उनकी नाकामियों को भी गिनिये
जिनकी शोहरत है कामयाबों में

71

मुट्ठी-भर लोगों के हाथों में लाखों की तकदीरें हैं
अलग-अलग हैं धरम इलाक़े एक सी सब की ज़ंजीरें हैं

72

जब भी कोई तख़्त सजा है, मेरा तेरा ख़ून बहा है
दरबारों की शानों शौक़त, मैदानों की शमशीरें हैं

73

कठपुतली है या जीवन है जीते जाओ सोचो मत
सोच से ही सारी उलझन है जीते जाओ सोचो मत

74

हर मज़हब का एक ही कहना जैसा मालिक रक्खे रहना
जब तक साँसों का बन्धन है जीते जाओ सोचो मत

75

कारगिल और कश्मीर ही तेरे नाम हो क्यों
भाई-बहन, महबूबा बेटी - या अल्लाह

76

तू ही चाँद, सितारा, बादल, हरयाली
और कभी तू नागा साकी या अल्लाह

77

किसी से ख़ुश है किसी से ख़फ़ा-ख़फ़ा-सा है
वह शहर में अभी शायद नया-नया-सा है

78

नदियाँ, पर्वत, चाँद, निगाहें, माला एक कई दाने
छोटे-छोटे से आँगन भी कोसों फैले लगते थे

79

जितनी बुरी कही जाती है उतनी बुरी नहीं है दुनिया
बच्चों के स्कूल में शायद तुमसे मिली नहीं है दुनिया

80

न जाने कौन-से लम्हें की बद्दुआ है यह
क़रीब घर के रहूँ और घर न जाऊँ मैं

81

मेरी गुरबत[1] को शराफ़त का अभी नाम न ले
वक़्त बदला तो तेरी राय बदल जाएगी

82

कोशिश के बावजूद ये इल्ज़ाम रह गया
हर काम में हमेशा कोई काम रह गया

83

कोई हिन्दू कोई मुस्लिम कोई ईसाई है
सबने इंसान न बनने की कसम खाई है

84

हर आदमी में होते हैं दस-बीस आदमी
जिसको भी देखना हो कई बार देखना

85

मैदाँ की हार-जीत तो किस्मत की बात है
टूटी है किसके हाथ में तलवार देखना

86

ज़िन्दगी जैसी है वैसी ही नज़र आने लगे
इस क़दर भी कोई हुशियार न होने पाए

87

हर अदालत उसी मुजरिम को बरी करती है
जुर्म करके जो गुनहगार न होने पाए

88

ढूँडिये फिर कोई जीने का बहाना साहब
लौट के आता नहीं गुज़रा ज़माना साहब

89

बादबाँ बाँध के कश्ती को किनारे पे रखो
इक न इक रोज़ तो होना है रवाना साहब

90

आते नहीं उतर के सितारे ज़मीन पर
जितनी चमक-दमक है वो ऊँचाइयों में है

91

हमारा मीर जी से मुत्तफ़िक़ होना है नामुमकिन
उठाना है जो पत्थर इश्क का तो हल्का भारी क्या

92

अच्छी नहीं ये ख़ामुशी शिकवा करो गिला करो
यूँ भी न कर सको तो फिर घर में ख़ुदा-ख़ुदा करो

93

आयेगा कोई चल के ख़िज़ाँ से बहार में
सदियाँ गुज़र गयी हैं इसी इन्तिज़ार में

94

जो होता आ रहा है, अब कहीं ऐसा नहीं होगा
कभी तो मिल के सब बोलो, नहीं ऐसा नहीं होगा

95

जैसी जिसे दिखे ये दुनिया वैसी उसे दिखाने दो
अपनी-अपनी नज़र है सबकी क्या सच है ये जाने दो

96

वक़्त से कह दो अभी न बोले क्या होना है क्या होगा
जिनके पास है घर का नक़्शा उनको घर बनवाने दो

97

जब से क़रीब होके चले ज़िन्दगी से हम
ख़ुद अपने आईने को लगे अजनबी से हम

98

कुछ दूर चल के रास्ते सब एक से लगे
मिलने गये किसी से मिल आये किसी से हम

99

चेहरा-मोहरा बदलता रहता है
इतना जल्दी भी फ़ैसला मत कर

100

मुहब्बत नज़र बाँध देती है वर्ना
हसीं थे बहुत दिल लगाने के क़ाबिल

101

हमेशा मन्दिरों-मस्जिद में वो नहीं रहता
सुना है बच्चों में छुप कर वो खेलता भी है

102

वही अमीर जो रोज़ी रसाँ है आलम का
फ़क़ीर बन के कभी भीख माँगता भी है

103

एक-सा रहता नहीं वक़्त हमेशा सबका
कल हवेली थी जहाँ आज है रस्ता सबका

104

जंगल, पहाड़, दरिया उसकी करम नवाज़ी
इनको घटा-बढ़ा कर हमने जहाँ बनाया

105

सूरज बुझा तो मैंने रौशन किया दिये को
आँधी थमी तो मैंने फिर आशियाँ बनाया

106

हँसने लगे हैं दर्द, चमकने लगे हैं ग़म
बाज़ार बन के निकले तो बिकने लगे हैं हम

107

मछलियाँ नादान हैं मुमकिन हैं खा जायें फ़रेब
फिर मछुआरे का भरे तालाब में काँटा गया

108

वो लुटेरा था मगर उसका मुसलमाँ नाम था
बस इस इक जुर्म पर सदियों मुझे डाँटा गया

109

बना करता था राजा ख़ून से राजा के पहले भी
विरासत की रिवायत आज भी है हुक्मरानों में

110

अभी तक हौसला हारे नहीं सादी ज़मीं वाले
अभी तक ख़ुदकुशी करने की हिम्मत है किसानों में

111

जिसकी तलब अज़ीज़ हो उससे कभी न मिल
पानी न माँग रेत से दरिया उगा के छोड़

112

न जाने कौन सा मंज़र नज़र में रहता है
तमाम उम्र मुसाफ़िर सफ़र में रहता है

113

ख़ुदा तो मालिक-ओ-मुख़तार है कहीं भी रहे
कभी बशर में कभी जानवर में रहता है

114

ये कैसी कशमकश है ज़िन्दगी में
किसी को ढूँढ़ते हैं हम किसी में

115

बहुत मुश्किल है बंजारा मिज़ाजी
सलीक़ा चाहिए आवारगी में

116

ख़ुदा के हाथ में मत सौंप सारे कामों को
बदलते वक़्त पे कुछ अपना अख़्तियार भी रख

117

मुमकिन है लिखने वाले को भी ये ख़बर न हो
क़िस्से में जो नहीं है वही बात ख़ास है

118

रात अँधेरी काटे खाए हवा चलाए तीर
मेरा बस हो तो मैं उनको कभी न जाने दूँ

119

जाने उस बिन क्या हो जाता है मेरे जी को
चौका-बरतन कर पाऊँ, न चक्की पीस सकूँ

120

पहले हमें भी नींद न आती थी घर से दूर
अब जिस जगह भी रात पड़ी थक के सो गये

121

बहुत हसीन नज़र आ रही थी कल दुनिया
वो यूँ था होश नहीं था शराब पी ली थी

122

मैंने पूछा था सबब पेड़ के गिर जाने का
उठ के माली ने कहा उसकी क़लम बाक़ी है

123

थक के गिरता है हिरन सिर्फ़ शिकारी के लिए
जिस्म घायल है मगर आँखों में रम बाक़ी है

124

बड़े-बड़े ग़म खड़े हुए थे रस्ता रोके राहों में
छोटी-छोटी ख़ुशियों से ही हमने दिल को शाद किया

125

बात बहुत मामूली सी थी उलझ गयी तकरारों में
एक ज़रा सी ज़िद ने आख़िर दोनों को बर्बाद किया

126

ख़तरे के निशानात अभी दूर हैं लेकिन
सैलाब किनारों पे मचलने तो लगे हैं

127

गिरजा में, मन्दिरों में, अज़ानों में बँट गया
होते ही सुबह आदमी ख़ानों में बँट गया

128

जब तक था आसमान में सूरज सभी का था
फिर यूँ हुआ वो चन्द मकानों में बँट गया

129

ख़बरों ने की मुसव्वरी, ख़बरें ग़ज़ल बनीं
ज़िन्दा लहू तो तीर कमानों में बँट गया

130

ख़ुदा से जोड़ा गया उसका बाद में रिश्ता
वो जीते जी तो ज़मीं पर गुनहगार रहा

131

पिया नहीं जब गाँव में
आग लगे सब गाँव में

132

कितनी मीठी थी इमली
साजन थे जब गाँव में

133

सिखा देती हैं चलना ठोकरें भी राहगीरों को
कोई रस्ता सदा दुश्वार हो ऐसा नहीं होता

134

झूठ को झूठ कहा सच को ही सच बोला है
उसको समझाइये वो शख़्स बहुत भोला है

135

बना-बना के बादल, सूरज उड़ा रहा है पानी को
सागर तक जाने का रस्ता बहता दरिया भूल गया

136

जंगल से महफ़ूज़ था पिंजरा, लेकिन उसी हिफ़ाज़त में
खुली फ़िज़ा का एक परिन्दा परों से उड़ना भूल गया

137

भटक रहा हूँ लिए तिशनगी समुन्दर की
मगर नसीब में शबनम है क्या किया जाये

138

मिली है ज़ख़्मों की सौग़ात जिसकी महफ़िल से
उसी के हाथ में मरहम है क्या किया जाये

139

ख़ुद से मिलने का चलन आम नहीं है वर्ना
अपने अन्दर ही छुपा होता है रस्ता अपना

140

ज़मीन दी है तो थोड़ा सा आसमान भी दे
मेरे ख़ुदा मेरे होने का कुछ गुमान भी दे

141

फ़लक को चाँद सितारे नवाज़ने वाले
मुझे चिराग़ जलाने को सायबान भी दे

142

तमाशा देखने वाले तो हैं बहुत लेकिन
जिसे ज़बान मिली है वो बेज़बाँ क्यों है

143

एक ही धरती हम सबका घर जितना तेरा उतना मेरा
दुख-सुख का ये जन्तर-मन्तर जितना तेरा उतना मेरा

144

हर जीवन की वही विरासत, आँसू, सपना, चाहत, मेहनत
साँसों का हर बोझ बराबर, जितना तेरा उतना मेरा

145

मौत एक वाहमा है नज़रों का, साथ छूटता कहाँ है अपनों का
जो ज़मीं पर नज़र नहीं आते, चाँद सितारों में जगमगाते हैं

146

यूँ ही चलता है कारोबारे जहाँ, है ज़रूरी हर एक चीज़ यहाँ
जिन दरख़्तों में फल नहीं आते वो जलाने के काम आते हैं

147

कहीं तो कोई होगा जिसको अपनी भी ज़रुरत हो
हर इक बाज़ी में दिल की हार हो ऐसा नहीं होता

148

पहले भी जीते थे मगर जबसे मिली है ज़िन्दगी
सीधी नहीं है दूर तक उलझी हुई है ज़िन्दगी

149

इक आँख से रोती है ये इक आँख से हँसती है ये
जैसी दिखाई दे जिसे उसकी वही है ज़िन्दगी

दोहे

1

बच्चा बोला देखकर, मस्जिद आलीशान
अल्ला तेरे एक को, इतना बड़ा मकान

2

चाहे गीता बांचिए, या पढ़िए क़ुरआन
मेरा-तेरा प्यार ही, हर पुस्तक का ज्ञान

3

छोटा करके देखिए, जीवन का विस्तार
आँखों भर आकाश है, बाँहों भर संसार

4

मैं रोया परदेस में, भीगा माँ का प्यार
दुख ने दुख से बात की, बिन चिट्ठी बिन तार

5

सपना झरना नींद का, जागी आँखें प्यास
पाना, खोना, खोजना, साँसों का इतिहास

6

नदिया सींचे खेत को, तोता कुतरे आम
सूरज ठेकेदार-सा, सबको बाँटे काम

7

अच्छी संगत बैठकर, संगी बदले रूप
जैसे मिलकर आम से, मीठी हो गयी धूप

8

सातों दिन भगवान के, क्या मंगल क्या पीर
जिस दिन सोये देर तक, भूखा रहे फ़क़ीर

9

सीधा-सादा डाकिया, जादू करे महान
एक ही थैले में भरे, आँसू और मुस्कान

10

मुझ जैसा इक आदमी मेरा ही हमनाम
उल्टा-सीधा वो चले, मुझे करे बदनाम

11

ईसा अल्लाह ईश्वर सारे मन्तर सीख
जाने कब किस नाम पर मिले ज़्यादा भीख

12

निर्मल निश्चल प्रेम था, या हाथों में स्वाद
हर भाजी हर दाल में माँ आती है याद

13

गिरजा में ईसा बसें, मस्ज़िद में रहमान
माँ के पैरों से चले हर आँगन भगवान

14

सबकी पूजा एक-सी, अलग-अलग हर रीत
मस्ज़िद जाए मौलवी, कोयल गाए गीत

15

पूजा-घर में मूरती, मीरा के संग श्याम
जितनी जिसकी चाकरी, उतने उसके दाम

16

जीवन भर भटका किये, खुली न मन की गाँठ
उसका रस्ता छोड़कर, देखी उसकी बाट

17

नक़्शा लेकर हाथ में, बच्चा है हैरान
कैसे दीमक खा गई, उसका हिन्दुस्तान

18

माटी से माटी मिले, खो के सभी निशान
किसमें कितना कौन है, कैसे हो पहचान

19

स्टेशन पर खत्म की, भारत तेरी खोज
नेहरू ने लिक्खा नहीं, कुली के सर का बोझ

20

वो सूफ़ी का क़ौल हो, या पण्डित का ज्ञान
जितनी बीते आप पर, उतना ही सच मान

21

सात समुन्दर पार से कोई करे व्यापार
पहले भेजे सरहदें, फिर भेजे हथियार

22

चाकू काटे बाँस को, बंसी खोले भेद
उतने ही सुर जानिए, जितने उसमें छेद

23

अन्दर मूरत पर चढ़े घी, पूरी, मिष्ठान
मन्दिर के बाहर खड़ा, ईश्वर माँगे दान

24

जादू-टोना रोज़ का, बच्चों का व्यवहार
छोटी सी इक गेंद में, भर दें सब संसार

25

ले के तन के नाप को, घूमे बस्ती-गाँव
हर चादर के घेर से, बाहर निकले पाँव

26

दुख की नगरी कौन-सी, आँसू की क्या ज़ात
सारे तारे दूर के, सबके छोटे हाथ

27

स से नि तक सात सुर, सात सुरों में राग
उतना ही संगीत है, जितनी तुझमें आग

28

बहनें चिड़ियाँ धूप की, दूर गगन से आएँ
हर आँगन मेहमान सी, पकड़ो तो उड़ जाएँ

29

आँगन-आँगन बेटियाँ, छाँटी-बाँटी जाएँ
जैसे बालें गेहूँ की, पकें तो काटी जाएँ

30

घर को खोजें रात-दिन, घर से निकले पाँव
वो रस्ता ही खो गया, जिस रस्ते था गाँव

31

चीखे घर के द्वार की लकड़ी हर बरसात
कट कर भी मरते नहीं, पेड़ों में दिन-रात

32

मैं भी यात्री तू भी यात्री, आती जाती रेल
अपना-अपने गाँव तक, सबका सबसे मेल

33

युग-युग से हर बाग़ का, ये ही एक उसूल
जिसको हँसना आ गया वो ही मिट्टी फूल

34

सुना है अपने गाँव में, रहा न अब वह नीम
जिसके आगे माँद थे, सारे वैद-हकीम

35

बूढ़ा पीपल घाट का, बतियाये दिन-रात
जो भी गुज़रे पास से, सर पे रख दे हाथ

36

पंछी मानव, फूल, जल, अलग-अलग आकार
माटी का घर एक ही, सारे रिश्तेदार!

37

बरखा सबको दान दे, जिसकी जितनी प्यास
मोती-सी ये सीप में, माटी में ये घास

38

मैं क्या जानूँ तू बता, तू है मेरा कौन
मेरे मन की बात को, बोले तेरा मौन

39

चिड़ियों की चहकार दे, गीतों को दे बोल
सूरज बिन, आकाश है, गोरी घूँघट खोल

40

यूँ ही होता है सदा हर चूनर के संग
पंछी बनकर धूप में, उड़ जाता है रंग

41

जीवन के दिन-रैन का, कैसे लगे हिसाब
दीमक के घर बैठकर, लेखक लिखे किताब

42

फूटी किरण अज़ान की, जागे पंछी ढोर
चिड़ियों के चहकार में करे तिलावत भोर

43

मुंशी धनपत राय तो टँगे है बन के याद
सुनने वाला कौन है, होरी की फ़रियाद

44

घर वाले घर पर लिखें, विलियम अर्जुन ख़ान
मिट्टी से मिट्टी कहे सारे एक समान

45

आँखों से आँखों तलक रस्ता है हमवार
दिल से दिल का फ़ासला लेकिन है दुश्वार

46

कोई तेरे सामने कोई मेरे बाद
खो जाता है आदमी रह जाती है याद

47

ये है कैसा मोअजज़ा, कफ़न दफ़न के बाद
चलता-फिरता हर जगह मिलता है बग़दाद

48

नदिया ऊपर पुल बना, जुड़ा नगर से गाँव
चिड़ियाँ गूँगी हो गयीं, अँधी हो गयी छाँव

49

तोता, मैना, फ़ाख़ता, लाख मचायें शोर
जिसके पर पैसों भरे, नाम उसी का मोर

50

ये भी, वो भी, और भी, एक से सबके रोग
भाग रही हैं वस्तुएँ, दौड़ रहे हैं लोग

51

क़िस्मत-विस्मत कुछ नहीं सबका एक विधान
जगते का संसार है, सोते का शमशान

52

हिन्दू का हो दान या, मुस्लिम की ख़ैरात
गेहूँ चावल दाल का क्या मज़हब क्या ज़ात

53

क्रिकेट, नेता एक्टर हर महफिल की शान
स्कूलों में क़ैद है, ग़ालिब का दीवान

54

अग्नि ने पावन किया, सीता जी का नाम
राजा बन कर मौन थे अन्तर्यामी राम

55

तिनका-तिनका जोड़ के पंछी बाँधे नीड़
तिनकों में सब एक-से, इमली, पीपल, चीड़

56

मथुरा, अर्जुन, रुक्मणि, किसके कितने श्याम
बंसी की हर टेर तो बोले राधा नाम

57

सौदा लेने हाट में, कैसे जाये नार
चाकू ले के हाथ में, बैठा है बाज़ार

58

उस जैसा तो दूसरा मिलना था दुश्वार
लेकिन उसकी खोज में, फैल गया संसार

59

नदिया से बादल बने, बादल से बरसात
तू चाहे जो रूप ले मैं हूँ तेरे सात

60

मैं काग़ज़ तू कल्पना, तुझमें मैं साकार
अपनी ही तस्वीर को, पूजे रचनाकार

61

बगिया महके रात-दिन, आयें-जायें फूल
परसों नरसों आज कल, भूले मन की भूल

62

घटती-बढ़ती उम्र का नाप नहीं आसान
ईसा बूढ़ा हो गया मरियम रही जवान

63

ख़ुद ही बने अमीर तू ख़ूद ही रहे ग़रीब
ईश्वर अपने हाथ से, लिखता नहीं नसीब

64

तुलसी तेरे राम के कमती पड़ गये बान
गिनतो मे बढ़ने लगी रावण की सन्तान

65

ताला, चाबी, चटख़नी, दरवाज़ा, दीवार
एक दूजे के ख़ौफ़ से, बना है ये संसार

66

अब मिल में किस काम के, बुनकर माता दीन
सौ चरखों की रुई को, काते एक मशीन

फ़िल्मी नग़मे

सरफ़रोश

(1999)

होशवालों को ख़बर क्या बेख़ुदी क्या चीज़ है
इश्क कीजिए फिर समझिये, ज़िन्दगी क्या चीज़ है

उनसे नज़रें क्या मिलीं, रोशन फ़िज़ाएँ हो गईं
आज जाना प्यार की जादूगरी क्या चीज़ है

खुलती ज़ुल्फ़ों ने सिखाई, मौसमों को शायरी
झुकती आँखों ने बताया, मयकशी क्या चीज़ है

हम लबों से कह न पाए, उन से हाल-ए-दिल कभी
और वो समझे नहीं, ये ख़ामोशी क्या चीज़ है

होशवालों को ख़बर क्या बेख़ुदी क्या चीज़ है
इश्क कीजिए फिर समझिये, ज़िन्दगी क्या चीज़ है

आप तो ऐसे न थे

(1980)

तू इस तरह से मेरी ज़िंदगी में शामिल है
जहाँ भी जाऊँ ये लगता है तेरी महफ़िल है

ये आसमान, ये बादल, ये रास्ते, ये हवा
हर एक चीज़ है अपनी जगह ठिकाने से
कई दिनों से शिकायत नहीं ज़माने से
ये ज़िंदगी है सफ़र, तू सफ़र की मंज़िल है

हर एक फूल किसी याद सा महकता है
तेरे ख़याल से जागी हुई फ़िज़ाएँ हैं
ये सब्ज़ पेड़ हैं, या प्यार की दुआएँ हैं
तू पास हो कि नहीं फिर भी तू मुक़ाबिल है

हर एक शय है मोहब्बत के नूर से रोशन
ये रोशनी जो ना हो, ज़िंदगी अधूरी है
राह-ए-वफ़ा में, कोई हमसफ़र ज़रूरी है
ये रास्ता कहीं तनहा कटे तो मुश्किल है

तू इस तरह से मेरी ज़िंदगी में शामिल है
जहाँ भी जाऊँ ये लगता है तेरी महफ़िल है

हरजाई

(1981)

कभी पलकों पे आँसू हैं कभी लब पे शिकायत है
मगर ऐ ज़िन्दगी फिर भी मुझे तुझसे मोहब्बत है
कभी पलकों पे आँसू हैं...

जो आता है वो जाता है, ये दुनिया आनी-जानी है
यहाँ हर शय मुसाफ़िर है, सफ़र में ज़िन्दगानी है
उजालों की ज़रूरत है, अन्धेरा मेरी किस्मत है
कभी पलकों पे आँसू हैं...

ज़रा ऐ ज़िन्दगी दम ले, तेरा दीदार तो कर लूँ
कभी देखा नहीं जिसको, उसे मैं प्यार तो कर लूँ
अभी से छोड़ के मत जा, अभी तेरी ज़रूरत है
कभी पलकों पे आँसू हैं...

कोई अनजान सा चेहरा, उभरता है फिज़ाओं में
ये किसकी आहटें जागी, मेरी ख़ामोश राहों में
अभी ऐ मौत मत आना, मेरी वीरान जन्नत है
कभी पलकों पे आँसू हैं...

हरजाई

(1981)

तेरे लिए पलकों की झालर बुनूँ
कलियों सा गजरे में बाँधे फिरूँ
धूप लगे जहाँ तुझे छाया बनूँ, आजा साजना
तेरे लिए पलकों...

महकी-महकी ये रात है
बहकी-बहकी हर बात है
लाजो मरूँ, झूमे जिया, कैसे ये मैं कहूँ, आजा साजना
तेरे लिए पलकों...

नया-नया संसार है
तू ही मेरा घर-बार है
जैसा रखे ख़ुशी-ख़ुशी, वैसे ही मैं रहूँ, आजा साजना
तेरे लिए पलकों...

प्यार मेरा, तेरी जीत है
सबसे अच्छा मेरा मीत है
तेरे लिए रोऊँ पिया, तेरे लिए हसूँ, आजा साजना
तेरे लिए पलकों...

स्वीकार किया मैंने

(1983)

अजनबी कौन हो तुम, जबसे तुम्हें देखा है,
सारी दुनिया मेरी आँखों में सिमट आई है...

तुम तो हर गीत में शामिल थे, तरन्नुम की तरह
तुम मिले हो मुझे फूलों का तबस्सुम बनके
ऐसा लगता है के बरसों से, शमा आज आई है
अजनबी कौन हो तुम...

ख़्वाब का रंग हक़ीकत में नज़र आया है
दिल में धड़कन की तरह कोई उतर आया है
आज हर साँस में शहनाइयाँ सी लहराई है
अजनबी कौन हो तुम...

कोई आहट सी, अंधेरों में चमक जाती है
रात आती है, तो तन्हाई महक जाती है
तुम मिले हो या मोहब्बत ने ग़ज़ल गाई है
अजनबी कौन हो तुम...

रज़िया सुल्तान

(1983)

तेरा हिज्र मेरा नसीब है तेरा ग़म ही मेरी हयात है
मुझे तेरी दूरी का ग़म हो क्यों तू कहीं भी हो मेरे साथ है
तेरा हिज्र मेरा नसीब है...

मेरे वास्ते तेरे नाम पर कोई हर्फ़ आए, नहीं-नहीं
मुझे ख़ौफ़े दुनिया नहीं मगर मेरे रूबरू तेरी ज़ात है
तेरा हिज्र मेरा नसीब है...

तेरा वस्ल ऐ मेरी दिलरूबा नहीं मेरी क़िस्मत तो क्या हुआ
मेरी महजबी यही कम है क्या तेरी हसरतों का तो साथ है
तेरा हिज्र मेरा नसीब है...

तेरा इश्क़ मुझपे है मेहरबाँ मेरे दिल को हासिल है दो जहाँ
मेरी जान-ए-जां इसी बात पर मेरी जान-ए-जां एक बात है
तेरा हिज्र मेरा नसीब है...

रज़िया सुल्तान

(1983)

आई ज़ंजीर की झंकार ख़ुदा ख़ैर करे
दिल हुआ किसका गिरफ़्तार ख़ुदा ख़ैर करे

जाने ये कौन मेरी रूह को छूकर गुज़रा
इक क़यामत हुई बेदार ख़ुदा खैर करे

लम्हा-लम्हा मेरी आँखों में खिंच जाती है
इक चमकती हुई तलवार ख़ुदा ख़ैर करे

खून दिल का न छलक जाए कहीं आँखों से
हो न जाए कही इज़हार ख़ुदा ख़ैर करे

आई ज़ंजीर की झंकार...

अनोखा बंधन

(1982)

तू इतनी दूर क्यों है माँ बता नाराज़ क्यों है माँ
मैं तेरा हूँ बुला ले तू गले फिर से लगा ले तू
तू इतनी दूर क्यों है माँ बता नाराज़ क्यों है माँ
मैं तेरा हूँ बुला ले तू गले फिर से लगा ले तू
ओ माँ प्यारी माँ ओ माँ प्यारी माँ

तेरे आँचल की छाया को मेरी नींदे तरसती हैं
तेरी यादों के आँगन में मेरी आँखें बरसती हैं
परेशान हो रहा हूँ मैं अकेला रो रहा हूँ मैं
मैं तेरा हूँ बुला ले तू गले फिर से लगा ले तू
तू इतनी दूर क्यों है माँ...

सुना है मैंने माँ का दिल नहीं होता है पत्थर का
बुलाता है तुझे आ जा अकेलापन मेरे घर का
ये दीवारें गिरा दे अब झलक अपनी दिखा दे अब
मैं तेरा हूँ बुला ले तू गले फिर से लगा ले तू
तू इतनी दूर क्यों है माँ...

तेरे चरणों में मंदिर है तू हर मंदिर की मूरत है
हर एक भगवान की सूरत मेरी माँ तेरी मूरत है
मेरी पूजा तेरा दर्शन, तेरी सेवा मेरा जीवन
मैं तेरा हूँ बुला ले तू गले फिर से लगा ले तू
ओ माँ प्यारी माँ ओ माँ प्यारी माँ
मैं तेरा हूँ बुला ले तू गले फिर से लगा ले तू
तू इतनी दूर क्यों है माँ...

दौलत

(1982)

मोती हो तो बाँध के रख दूँ प्यार छुपाऊँ कैसे
वो चेहरा है हर चेहरे में उसे भुलाऊँ कैसे
मोती हो तो बाँध के रख दूँ...

चाँद नहीं फूल नहीं कोई नहीं उन सा हसीं
कौन है वो क्या नाम है उनका यहाँ बताऊँ कैसे
मोती हो तो बाँध के रख दूँ...

खोया हुआ है हर समां यार बिना सूना है जहां
नील गगन के चाँद को बाहों में ले आऊँ कैसे
मोती हो तो बाँध के रख दूँ...

चाहे जिन्हें मेरी नज़र हाय नहीं उनको ख़बर
बंद है मंदिर का दरवाज़ा फूल चढ़ाऊँ कैसे
मोती हो तो बाँध के रख दूँ...

सुर

(2002)

जाने क्या ढूँढता है ये मेरा दिल
तुझको क्या चाहिए ज़िन्दगी
रास्ते ही रास्ते हैं, कैसा है ये सफ़र
ढूँढती हैं जिसको नज़रें, जाने है वो किधर
जाने क्या ढूँढता है...

बेचेहरा सा कोई, सपना है वो
कहीं नहीं है फिर भी, अपना है वो
ऐसे मेरे अन्दर शामिल है वो
मैं हूँ बहता दरिया, साहिल है वो
है कहाँ वो, वो किधर है, रास्ते कुछ तो बता
कौन सा उसका नगर है, रहगुज़र कुछ तो बता
ढूँढती हैं जिसको नज़रें, जाने है वो किधर
जाने क्या ढूँढता है...

सूना सा है मंदिर, मूरत नहीं
ख़ाली है आईना, सूरत नहीं
जीने का जीवन में, कारण तो हो
महके कैसे कलियाँ, गुलशन तो हो
शम्मा है जो मुझमें रोशन, वो विरासत किसको दूँ
दूर तक कोई नहीं है, अपनी चाहत किसको दूँ
ढूँढती हैं जिसको नज़रें, जाने है वो किधर
जाने क्या ढूँढता है...

सुर

(2002)

कभी शाम ढले तो मेरे दिल में आ जाना
कभी चाँद खिले तो मेरे दिल में आ जाना
मगर आना इस तरह तुम कि यहाँ से फिर ना जाना
कभी शाम ढले तो...

तू नहीं है मगर फिर भी तू साथ है
बात हो कोई भी तेरी ही बात है
तू ही मेरे अन्दर है तू ही मेरे बाहर है
जब से तुझको जाना है मैंने अपना माना है
मगर आना इस तरह तुम कि यहाँ से फिर ना जाना
कभी शाम ढले तो...

रात-दिन की मेरी दिलकशी तुम से है
ज़िन्दगी की क़सम ज़िन्दगी तुम से है
तुम ही मेरी आँखें हो सूनी तन्हा राहों में
चाहे जितनी दूरी हो तुम हो मेरी बाँहों में
मगर आना इस तरह तुम कि यहाँ से फिर ना जाना
कभी शाम ढले तो...

चाहत

(1996)

दिल की तन्हाई को आवाज़ बना लेते हैं
दर्द जब हद से गुज़रता है तो गा लेते हैं
दिल की तन्हाई को...

आपके शहर में हम ले के वफ़ा आये हैं
मुफ़लिसी में भी अमीरी की अदा लाये हैं
जो भी गाता है उसे अपना बना लेते हैं
दिल की तन्हाई को...

है हमें यूँ देखना ऐसा ना हो बदनाम हो जाएँ
ये मुमकिन है इसी का कल मोहब्बत नाम हो जाए
हुस्न वालों में ये मशहूर है आदत अपनी
हर किसी से कहाँ मिलती है तबीयत अपनी
प्यार मिलता है जहाँ सर को झुका लेते हैं
दर्द जब हद से गुज़रता है तो गा लेते है
दिल की तन्हाई को...

धूप

(2003)

ये धूप एक सफ़र, चमके तो है सहर
सुलगे तो दोपहर, सिमटे तो सूना घर
ये धूप एक सफ़र...

धूप छाँव के घेरे में ही चलता है हर जीवन
एक ही धूप के रूप हैं दोनों, क्या जंगल क्या गुलशन
ये धूप एक सफ़र...

धूप ही रास्ते को झुलसाये, धूप ही फूल खिलाये
ये ही नदी के जल में ढलके, बादल सी लहराये
ये धूप एक सफ़र...

इस रात की सुबह नहीं

(1996)

जीवन क्या है कोई न जाने, जो जाने पछताए

माटी फूलों में छिपकर महके और मुस्काए
माटी ही तलवार का लोहा बनकर खून बहाए
इक माटी मुझमें तुझमें रूप बदलती जाए
जीवन क्या है कोई न जाने, जो जाने पछताए

माटी का पुतला ही माटी के पुतले को तोड़े
माटी ही माटी से अपने रिश्ते नाते जोड़े
जो होता है क्यों होता है, कोई रैन न पाए
जीवन क्या है कोई न जाने, जो जाने पछताए

ख्वाप

(2011)

तुमसे बिछड़कर तुमको भुलाना, मुमकिन है आसान नहीं
दीवाने दिल को समझाना, मुमकिन है आसान नहीं
तुमसे बिछड़कर तुमको भुलाना...

सदियों से ये रस्म है जारी, जुर्म है दुनिया में दिलदारी
ऐसी दुनिया से टकराना, मुमकिन है आसान नहीं
तुमसे बिछड़कर तुमको भुलाना...

चाहत पर पाबंदी क्यों है, दुनिया इतनी अंधी क्यों है
अंधों में अंधा बन जाना, मुमकिन है आसान नहीं
तुमसे बिछड़कर तुमको भुलाना...

कश्ती यूँ ही चलेगी कब तक, उलटी गंगा बहेगी कब तक
खोये हुये को फिर से खोना, मुमकिन है आसान नहीं
तुमसे बिछड़कर तुमको भुलाना...

तेरे मेरे बीच की दूरी, क्यों दोनों की है मजबूरी
दूरी की दीवार गिराना, मुमकिन है आसान नहीं
तुमसे बिछड़कर तुमको भुलाना...

निदा फ़ाज़ली को मिले प्रमुख पुरस्कार

- पद्म श्री (2013)
- साहित्य अकादमी पुरस्कार (1998)
- स्टार स्क्रीन अवॉर्ड (2003)
- बॉलीवुड मूवी अवॉर्ड (2003)
- हिन्दी-उर्दू साहित्य खुसरो पुरस्कार (म.प्र.)
- मारवाड़ कला संगम पुरस्कार (जोधपुर)
- कला संगम पुरस्कार (लुधियाना)
- हिन्दी उर्दू संगम अवॉर्ड (लखनऊ)
- उर्दू अकादमी पुरस्कार (महाराष्ट्र)
- मीर तकी मीर अवॉर्ड (म.प्र.)
- नैशनल हार्मनी अवॉर्ड